一代儒宗的「心——理」之路

湛若水作品选读

郭海鹰◎编著

《广州大典》普及书系
主编 陈建华

广州新华出版发行集团
广州出版社

图书在版编目（CIP）数据

一代儒宗的“心—理”之路：湛若水作品选读 / 郭海鹰编著. —广州：广州出版社，2021.12

（《广州大典》普及书系 / 陈建华主编）

ISBN 978-7-5462-3207-2

Ⅰ. ①一…　Ⅱ. ①郭…　Ⅲ. ①湛若水（1466—1560）—文集　Ⅳ. ①C53

中国版本图书馆CIP数据核字（2021）第281506号

书　　名　一代儒宗的“心—理”之路：湛若水作品选读
Yidai Ruzong De Xin—li Zhi Lu：Zhan Ruoshui Zuopin Xuandu

出版发行　广州出版社
（地址：广州市天河区天润路87号9、10楼　邮政编码：510635
网址：www.gzcbs.com.cn）

出 品 人　柳宗慧

责任编辑　潘孟良　周　秦

责任校对　王俊婕　韦　玮

装帧设计　肖晓文

印刷单位　佛山市浩文彩色印刷有限公司
（地址：佛山市南海区狮山科技工业园A区
电话：0757-88368558　　邮编：528225）

规　　格　787 mm × 1092 mm　1/16

印　　张　18.5

字　　数　300千

版　　次　2021年12月第1版

印　　次　2021年12月第1次

书　　号　ISBN 978-7-5462-3207-2

定　　价　58.00元

《广州大典》普及书系编辑委员会

关于“广府名人读本”系列编选出版的几点说明

一、本书属于《广州大典》普及书系“广府名人读本”系列。

二、“广府名人读本”系列作为《广州大典》普及书系的开篇，将分为若干辑出版，成熟一辑，出版一辑。

三、因书系以《广州大典》所收文献为编选基础，故个人著述不存世或存世稀少者不纳入“广府名人读本”系列。

四、考虑到《广州大典》（民国篇）正在编纂和不少近代广府名人著述活动时段跨越清末民初的实际情况，“广府名人读本”系列会适当拓宽选录范围。

《广州大典》普及书系
编辑出版缘起

广州自古以来就是岭南地区的政治、经济、文化中心，是首批国家历史文化名城。自秦始皇三十三年（前214年）广州建城，至今已有2200余年，大量珍贵的地方文献翔实地反映了广州文化不断发展、不断繁荣的悠久历程。

《广州大典》（一期）是由中共广州市委宣传部、广东省文化厅策划并组织研究编纂，旨在系统搜集整理和抢救保护广州文献典籍、传播广州历史文化的大型地方文献丛书，是千年羊城的"根"和"魂"。《广州大典》（一期）收录文献的时间范围截至1911年（个别门类延至民国），地域范围包括清代中期广州府所辖各县，内容范围包括广州人士（含寓贤）著述、有关广州历史文化的著述及广州版丛书，依经、史、子、集、丛五部分类，共计收录文献4064种，编成520册，于2015年影印出版。

2015年4月，广州大典研究中心成立，继续推进《广州大典》（一期）的推广与研究，并启动《广州大典》（二期）民国篇的编纂出版。2019年11月，《广州大典》（一期）集部曲类文献专辑以《广州大典·曲类》之名单行出版，共计收录文献1589种，编成43册。此外，近年来中心陆续推出《广州大典总目》、《广州大典概要》、《广州大典研究》集刊（1~8辑）、《广州大典·民国广东公报丛编》（初编）100册等。

习近平总书记指出，要讲清楚中华优秀传统文化的历史渊源、发展脉络、基本走向，讲清楚中华文化的独特创造、价值理念、鲜明特色，增强文化自信和价值观自信。要做到这两个“讲清楚”，既要在学术上做到深入，也要在普及上做到浅出。《广州大典》（一期）所收录的文献不仅卷帙浩繁，而且都是繁体字、文言文，没有经过点校整理，这在客观上造成当今读者与之有隔阂，阻碍了广州这一历史文化宝库在更广大的层面上发挥社会影响力。为此，广州大典研究中心、广州出版社决定联合编纂出版《广州大典》普及书系，努力将书系打造成为集学术性、知识性和可读性于一体的优秀出版物。

书系以《广州大典》为文献基础（可根据实际情况，适当拓宽选录范围），组织一批专家学者从《广州大典》中精选最具代表性、最具可读性的文献，进行普及性的内容整理、发掘，形成《广州大典》普及书系。书系初步计划分为广府名人读本系列、地方风物读本系列、地方游记读本系列、西学东渐读本系列、小说读本系列、戏曲曲艺读本系列等。书系每种读本均包括导读、代表性作品选编（含注释、翻译、评析或解题、延伸阅读等）和相关资料附录，作者均为学有专长、研究有素的专家学者。每种读本均将尽量吸收、反映学界最新研究成果，并力求做到图文并茂、雅俗共赏。因此，《广州大典》普及书系可视作《广州大典》的延伸，且与已有的《岭南文库》的延伸《岭南文化知识书系》《广东历史文化名人丛书》等普及性读物既桴鼓相应，又各具匠心，可谓和而不同、美美与共。

知所从来，方明所往。《广州大典》普及书系既是一项重要的文化惠民工程，也是推动城市文化综合实力出新出彩，特别是“读懂广州”的切实举措。

志合者，不以山海为远。我们诚挚邀请更多的相关专家学者积极支持和参与书系各辑相关工作，推动书系各辑逐年面世。

食髓知味，小书不小。我们相信，书系的陆续出版，将充分展示广州历史文化底蕴，擦亮广州历史文化品牌，并有助于中华优秀文化的传承和发展。

《广州大典》普及书系编辑委员会

目录

导论　/1

语录　/55

樵语　/ 56
新论　/ 80
知新后语　/ 89
雍语　/ 95
新泉问辩录　/ 125
新泉问辩续录　/ 149
问疑录　/ 156
金台答问录　/ 159

讲章　/161

泗州两学讲章　/ 162
九华山中华书堂讲章　/ 164
经筵讲章　/ 168

湛氏家训 / 171

明一体章第一 / 172
推爱章第二 / 175
问安省过章第六 / 177
明冠礼章第十二 / 179
明婚礼章第十三 / 181
明娶妇章第十四 / 182
明丧礼章第十五 / 183

文选 / 185

大科书堂训 / 186
序 / 195
叙遵道录 / 195
送杨少默序 / 196
古大学测序 / 198
小瀛赠别序 / 200
赠龙游子祝宪佥序 / 201
圣学格物通大序 / 204
书 / 210
上白沙先生启略拾遗 / 210
再答郑进士启范 / 211
复方西樵 / 212
答余督学 / 215
答阳明 / 217
答阳明王都宪论格物 / 218

寄陈惟浚 / 225
问政 / 227
叙政 / 228
复王宜学内翰 / 230
复郑启范进士 / 232
答杨少默 / 234
启两淮巡按侍御洪峻之垣 / 235
答聂文蔚侍御 / 236
答黄孟善之二 / 240
答洪峻之侍御 / 241
答黄安厓中丞 / 243
记 / 246
广德州儒学新建尊经阁记 / 246
惺翁亭记 / 249
杂著 / 252
学说乙丑翰林作 / 252
立心篇 / 253
求放心篇 / 255
心性图说 / 256

附录 / 261

湛若水编年事略 / 262
延伸阅读推荐书目 / 283

后记 / 284

导论

湛若水画像

湛若水，字元明。初名露，字民泽，因避其始祖治中公名讳而改名为湛雨，后定今名若水。因居广东增城甘泉都，学者称为甘泉先生。晚年自号默翁。湛若水是明代岭南大儒，与王守仁（字伯安，号阳明）契订同盟之学，共倡心学于时，阳明高足王畿（字汝中，号龙溪）曾说："时海内主盟道术，惟吾夫子与甘泉翁。"[①]清初学者全祖望（字绍衣，号谢山）也指出："有明正、嘉之交，阳明、甘泉之学盛行，二家虽微有不同，然其要归则相近，学者不走姚江，即向增城。"[②]于此可见，湛、王二氏于正德、嘉靖年间分主教事，平分天下学术，对当时民间之讲学运动影响甚大，而其源流直至明末清初亦仍未绝，这种观点亦得到黄宗羲（字太冲，号南雷，学者称梨洲先生）的确证，他在《明儒学案》中说道："王、湛两家，各立宗旨。湛氏门人虽不及王氏之盛，然当时学于湛者，或卒业于王；学于王者，或卒业于湛，亦犹朱、陆之门下，递相出入也。其后源远流长，王氏之外，名湛氏学者，至今不绝，即未必仍其宗旨，而源流不可没也。"[③]

---

① 王畿著，吴震编校整理：《刑部陕西司员外郎特诏进阶朝列大夫致仕绪山钱君行状》，《王畿集》，南京：凤凰出版社，2007年版，第591页。

② 全祖望：《槎湖书院记》，《鲒埼亭集外篇》卷16。

③ 黄宗羲著，吴光等编：《明儒学案》，《黄宗羲全集》第八册，杭州：浙江古籍出版社，2005年版，第138页。

然而，在此后的思想史叙事中，湛若水的地位却江河日下，始终受到阳明学阴影之笼罩。何以如此？一方面，这与黄宗羲在《明儒学案》中以王阳明作为明代学术思想史的叙事中心以及黄氏这种叙事结构对后世学术的影响密切相关。复之，虽然湛若水门下弟子众多，但是其后学中并没有像王畿、罗汝芳（字惟德，号近溪）、聂豹（字文蔚，号双江）这样的思想人物，未能很好地光大师说。再者，这与湛若水“居间调和”的思想性格直接相关。这种调和至少在“表面上”容易使其思想失去应有的洞察力和深刻性，更易为学者遗忘和误解。本书以“心—理”这一结构概括湛若水哲学思想的特点与运思历程，便是要呈现甘泉游走于“朱—陆”之间的内在焦虑。最后，阳明学深契近代中国救亡图存的时代命题和历史土壤。从17世纪日本的中江藤树、熊泽蕃山到19世纪中后叶明治维新时期的志士，他们的思想和行动都深受阳明学的影响，阳明学是近代日本革新成功的重要思想资源。面对近代中国“国破山河在”的民族危难，赴日留学或亡命的康有为、梁启超等维新派和蔡锷、孙中山、蒋中正等人，深深感受到阳明学的思想魅力，于是将其介绍回来，并推动国人重新正视、检讨和解释阳明学，由此而掀起了近代阳明学研究的热潮。

王阳明先生像

进入现代学术视野，《王阳明全集》的整理点校早在20世纪90年代便已问世，此后更有增订版补其遗阙，而各种语录注疏、硕博论文及研究专著更若汗牛充栋，甚至阳明后学及其再传弟子的著作整理、课题立项及研究工作亦如雨后春笋，数不胜数。反观甘泉学派，虽自20世纪80年代以来，开始有专著或硕博论文进行专题研究，但无论其数量或质量远不可与阳明学等量齐观，难掩其门庭冷落之窘态。大陆版《湛若水全集》的整理点校则到2020年10月才由上海古籍出版社出版，更遑论其后学遗著之整理与深入研究。

在这种背景下，本书从湛若水传世的作品中挑选出反映其精神世界义理系统与修身工夫的篇目，按照“语录”“讲章”“家训”“序”“书”“记”“杂著”等不同体裁编纂成册，并进行必要的注释、翻译与评析，以期对湛若水或明代心学思想有兴趣的一般读者，不必自陷浩瀚书海而能有所把握。

湛若水享有高寿，著述甚巨。在一般的学术思想史研究中，其思想常被概括为“随处体认天理”六字箴言，并认为这一学问宗旨乃其青年时代便已悟得，而信奉持守一生。泛论而言，并无不可。但是甘泉90余载之精神生命，其求思之彷徨、焦虑、转向、坚守等种种情绪，其思想向度之丰富、历程之曲折婉转却由此区区数字不能囊括。在这种意义上，我们将湛若水学术思想的开展置于时间的维度进行考察，为读者呈现其精神生命之动态发展和丰富面貌。

我们将以湛若水29岁行往江门游学陈献章（字公甫，号石斋，晚号石翁，学者称白沙先生）作为讨论的起点，理由主要有两个：一是由于29岁以前，湛若水本人几乎没有任何文字材料存世；二是29岁拜入白沙门下，湛若水才真正找到他立志坚守一生并始终为之奋斗的成圣事业。这是湛若水的人生第一等事。

游学江门不久，白沙便以横渠（张载）劝人做圣人之事告之：“横渠见人便告以圣人之事，此以圣人望人也。吾意亦若是耳。”[1]湛若水

① 陈献章：《与湛民泽（六）》，《陈献章集》卷2，第191页。

32岁从江门返回增城甘泉都途中，与同门李世卿等人游罗浮，白沙亦去信劝勉诸子：“人所得光阴能几，生不知爱惜，漫浪虚掷，卒之与物无异。造物所赋于人，岂徒具形骸，喘息天地间，与虫蚁并活而已耶？浮屠氏虽异学，亦必以到彼岸为标准。学者以圣人为师，其道何如？彼文章、功业、气节，世未尝乏人，在人立志大小。岁月固不待人也。”[①]文章、功业、气节是当时很多读书人穷尽一生所要追求、实现的事业，但是在陈白沙看来，世俗的事业只是“小志”而已，读书人只有“以圣人为师，以圣学为道”才能真正不虚度光阴。这也是人之为人，人之与蝼蚁不同的根本所在。

陈白沙像（湛若水题词“千秋仰止”）

在白沙影响下，成圣事业成为湛若水一生的精神追求，其学术思想与精神生命的开展与其对成圣事业的追寻有着内在的关联：丁巳悟道、丙寅与王阳明定交，笃定其必为圣贤的志向。湛、王定交，其目的在于相互砥砺做圣贤学问的志向。阳明年谱对此事记载道：“学者溺于词章记诵，不复知有身心之学。先生首倡言之，使人先立必为圣人之志。……惟甘泉湛先生若水时为翰林庶吉士，一见定交，共以倡明圣学为事。”[②]而后，入主西樵山讲学，提揭合一之学以破除支离之学则是力倡圣学中正之道，而厘定儒学典籍、晚年撰写《杨子折衷》《非老子》等书也意在匡扶时弊、维护圣人门户。甘泉高足洪垣（字

① 陈献章：《漫笔示李世卿、湛民泽》，《陈献章集》卷1，第79页。

② 王守仁：《王阳明全集》第四册，第1232页。

峻之，号觉山）为其师所作墓志铭对湛若水一生的评价可谓得当，必为甘泉本人所首肯：“谓先生纯然圣人，不敢；谓先生非纯为圣学，不可也。”[①]我们下面便以时间的维度来疏解湛若水笃志圣贤事业的学问工夫。

一、涵养本心　勿忘勿助

成化二年（1466），湛若水出生于广东增城沙贝村。其祖上是福建莆田人，元大德年间，其始祖湛露为广东德庆路治中，遂定居增城沙贝。甘泉先生之父湛瑛，字伯琛，号怡庵。怡庵公介直方严，刻行砥俗，乡之善良咸服信取则，倚以扶弱御侮。然不辞色少贷人，面斥人过恶，至无所容。狡狯之徒动见矫拂，嫉视如仇，聚谋必覆公于恶，毋使抗吾为。公直行其心，不顾，竟为所构诬。愤，发病以死。公既死，其徒恶益行，乡之人遂皆谓：“公行义，顾报戾其施，而恶者自若，吾侪何以善为？”后十余年，为奸者贯盈，剪灭浸尽。[②]其父耿介正直，嫉恶如仇的性格，对湛若水童年及日后处世有深远影响。甘泉7岁时遭逢家故，随后跟从母亲逃至惠州归善冈下避难，他的童年几乎是在惠州度过的。由于幼年的遭遇，甘泉入学较迟，14岁始入小学[③]，16岁入乡校[④]，22岁入府庠[⑤]，27岁秋闱入试，以《书经》中式第一卷[⑥]。28岁上京参加会试，但是落第，甘泉在归途中拜访庄昶（字孔

① 洪垣：《湛甘泉先生墓志铭》，《增城沙堤湛氏族谱》卷28。

② 黎业明撰：《湛若水年谱》，上海：上海古籍出版社，2016年版，第4页。

③ 洪垣：《湛甘泉先生墓志铭》，《增城沙堤湛氏族谱》卷28。

④ 《引年疏》，《泉翁大全集》卷37。

⑤ 《引年疏》，《泉翁大全集》卷37。

⑥ 洪垣：《湛甘泉先生墓志铭》，《增城沙堤湛氏族谱》卷28。

暘，号木斋，学者称定山先生）[①]。定山先生其学以无言自得为宗旨，虽然没有证据直接表明甘泉此次拜访与他后来往学江门有关，不过，与庄定山的论学很可能促成甘泉对关乎自家身心性命的圣贤之学产生浓厚兴趣。甘泉29岁时由南海梁景行介绍往学江门[②]，这是湛若水一生精神生命的转折点。前文提到，在进入西樵山讲学之前，有两件事对甘泉影响很大，一是32岁的丁巳之悟，二是41岁与王阳明一见定交，共倡明道“仁者浑然与天地万物同体”之旨。前者甘泉体悟到做圣贤学问的头脑，后者则使湛若水与王阳明相互砥砺，更加笃定做圣贤学问的志向。与阳明一见定交，为人所熟知，我们主要讨论湛若水丁巳悟道的经历，这是对他此后精神生命起到定向的重要思想事件。

（一）丁巳之悟

丁巳之悟是湛若水游学江门的第一悟，使甘泉真正得到做圣贤事业的门径和方法。“悟道”的经验可以说是理学家在追求圣贤事业过程中普遍都会遇到的精神现象，如我们所熟知的王阳明的贵州龙场悟道。这一精神现象牵涉到悟道者自身精神生命（包括我们的形体或躯体）的蜕变与转化。湛若水对他青年时代这一悟道经历后来屡有回忆，但是对于这次经历最为详尽的记述还是在他给老师陈白沙的信里。信中这样写道：

> 门生湛雨顿首百拜尊师白沙老先生函丈执事：［1］自初拜门下，亲领尊训，至言勿忘勿助之旨，而发之以无在无不在之要，归而求之，以是持循，久未有落着处，［2］一旦忽然若有闻悟，感程子之言“吾学虽有所受，天理二字，却是自家体认出来”，

① 《过江浦祭庄定山先生文》，《泉翁大全集》卷58。

② 阮榕龄：《编次陈白沙先生年谱》，《陈献章集》下册，第850页。

李延平云“默坐澄心，体认天理”，［3］愚谓“天理”二字，千圣千贤大头脑处，尧舜以来至于孔孟，说“中”、说“极”、说“仁义礼智”，千言万语，都已该括在内。［4］若能随处体认，真见得，则日用间参前倚衡，无非此体，在人涵养以有之于己耳，云云。丁巳冬十月一日，门生湛雨百拜顿首，顿首谨启。①

儒家的悟道经验并不是一个神秘的过程，这种经验是可以得到理解和言说的。这封书信虽然简短，但是细读之下蕴含着湛若水对他这次悟道经历所涉及的时间、过程与方式，以及他所体悟到的内容的交代。

1. 悟道的过程

悟道现象的发生往往需要悟道者在精神上进行充足的准备，这与悟道者强烈的精神困境密不可分。湛若水的精神困境在于他往学江门之初身体与精神始终未能处于一种“凑泊”的状态。“凑泊”一词原是佛教用语，意指本心与天道不能真正合一，而是生硬地“黏合”在一起。但当陈献章见到湛若水，以“此学非全放下，终难凑泊”告诉甘泉的时候，白沙实际上已经转换了此词原有的含义，而用它来指称本心与天理之合一的状态。在这种意义上，处于“凑泊”状态下的修行者，其个体内在的精神生命与外在周流不息的天道融贯一体，表现为修行者身体与其精神高度协调一致，这是一种精神境界上的愉悦自适。

当时，湛若水主要的精神困境大抵有两个。一是湛若水从小所接受的教育要求读书人在世俗中追求建功立业，读书的目的是为了考取功名，而这与自己精神生命的安顿几乎无关。但是陈白沙所教授的

① 《上白沙先生启略》，《泉翁大全集》卷8。（序号系作者添加。）

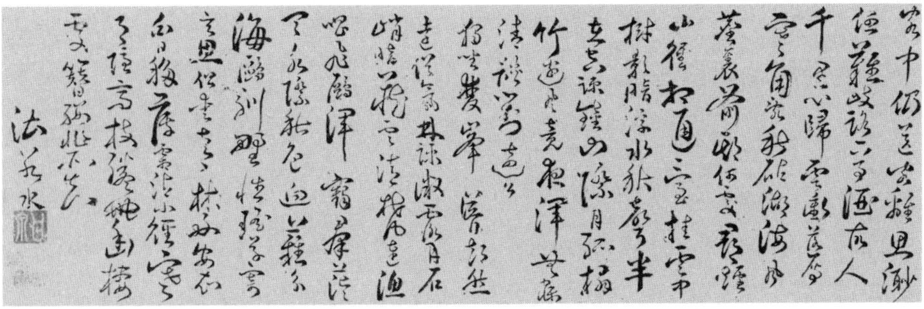

湛若水书法

学问则令人耳目一新，它是一种关乎身心性命的自得之学，是要去学做圣人的学问，在事上磨炼中安顿自己的精神生活。这两种学问在宗旨上有着泾渭之分。当白沙见到甘泉并以“此学非全放下，终难凑泊”告之时，甘泉虽然以“焚烧会试部檄”来显示自己与旧学诀别的决心，但是这种诀别的形式意义远比其实际效用大得多。这两种不同的学问在一个年轻的求道者心中所造成的矛盾和困惑并没有随着这一“焚烧”得以彻底解决。湛若水后来倡导二业合一，主张德业与举业的兼顾统一，对当时学界影响甚大，阳明弟子王龙溪、邹守益（字谦之，号东廓）、钱德洪（字洪甫，号绪山）等对湛若水的学说虽有微词，但对其倡二业合一，纠时弊之功却皆为赞许。甘泉这种思想主张与青年时期他所经受的内在煎熬、困顿有直接的关系。

或许，甘泉只是从“焚烧”中得到一种向往圣贤学问的志向，但他仍然不知道从何处下手。游学之初，白沙虽然告诉他以全放下工夫，全放下便是勿忘勿助的自然工夫。但是，这对初闻圣学的湛若水来说是一些太过高妙的话头，无法圆融地进行理解，“先师自然之说，初时闻之，犹似打量不过”[①]。这种“打量”并不是一种门外向门内的探头探脑，而是必须进入门房之内，并将自己的身心浸润到其中细细

① 《天关精舍语录》，《泉翁大全集》卷13。

打磨。求道心切却未真正领会，一方面是茫荡在外，没有内在主宰，另一方面则像脚踩棉花，没有可以着力的地方。这种情况下，就非常需要一把可以打开门房的钥匙，这把钥匙便是做学问的头脑，也是做工夫的着力处。白沙初时的指点并没有使甘泉得到这把钥匙，或许白沙也认为这把钥匙应该由湛若水自己体悟而得到。旧学与新学接续不断的冲击，以及求道不得其门所造成的精神困境在时间中不断翻滚、越积越深，这就是信中所讲的“久未有落着处”。一个“久”字看起来平铺直白，但如果仔细揣摩其中意味，湛若水当时内心那种求圣心切而丝毫未得的煎熬焦虑与无力感，以及所引发的身心撕裂的痛苦便不难体会。身心“断裂”是体悟产生的前提。

除了必要的精神准备，悟道的发生还需要一些其他外在条件。这些条件的产生与湛若水当时具体的修习方法密不可分，尽管这些方法的精要处并没有被他完全掌握。白沙除了教授甘泉勿忘勿助心法，还教授其具体的修习方法——静坐，“有学于仆者，辄教之静坐”[①]。洪觉山在回忆甘泉游学江门时曾指出其“独居一室”[②]，“独居一室”与其师陈白沙青年时代的经历颇为相似，彼时白沙投学吴与弼（初名梦祥，字子傅，号康斋）门下，也是久学未得，而在返回江门后白沙也是“杜门独扫一室，日静坐其中”[③]。而蒋信（字卿实，号道林，学者称正学先生）的记述则更为明确：“（甘泉）先生廿七登第，即焚会试之牒，造白沙之门，决意荣达，从事静坐。楚云之上，冷焰迸腾，殆几十年。其斋戒神明，忘言默识，有如此。”[④]从上面所引述的文献资料，我们可以明确静坐是湛若水当时最为主要的修炼方式。这一点也

① 陈献章：《复赵提学佥宪》，《陈献章集》卷2，第145页。

② 洪垣：《湛甘泉先生墓志铭》，《增城沙堤湛氏族谱》卷28。

③ 张诩：《白沙先生墓表》，《陈献章集》附录二，第883页。

④ 蒋信：《心性书序》，《蒋道林先生文粹》，《四库全书存目丛书》，集部，第96册。

可以从甘泉后来的回忆中得到印证："甘泉子三十游江门，传习之余，端默无作。先师石翁谓之曰：'子何不学夫诗以应世？'"[①]这里所谓的"端默"是指端坐默识，也就是静坐。需要注意的是，这里的静坐只是与传习（读书）并列的修习方法，并不是一种离群索居的槁枯之坐。

静坐的修习方法与湛若水此次的悟道时间同样有着密切的关系。信中讲到悟道的时间是在"一旦"，"一"字表明其不期而至，而"旦"字则清楚指明其时间是夜尽日初出之时，即清晨。虽然不期而至，但这并不完全是一种偶然。湛若水在西樵山烟霞洞也有过一次体悟格物之指的经历："烟霞中夜悟此一段甚适，复检程子书云：'至其理乃格物也。致知在所养，养知莫过于寡欲。'乃先得我心之所同然者。"[②]那一次的悟道发生在中夜，也就是夜半时分（古人认为，此时天地间的气最为清明）。这完全是受到孟子所谓平旦之气和夜气的影响。宋明儒认为，修道者在平旦和中夜之时修习最容易体贴天地清明之气，并为修习者所摄取。与其他理学家一样，湛若水也有在平旦和中夜静坐修习的习惯。唯其如此，悟道的经历才得以出现。因为在平旦和中夜静坐，于修习者来讲容易出现一种"寤寐"的出神状态，这时修习者的精神意识处于清醒与迷离之间，恍恍惚惚。正是这种寤寐，才促成这次悟道体验的不期而至。

"忽然若有闻悟"，它像个不速之客突然来了，彷佛发生了但又不敢确定，就在这"忽然若有"之间，体悟又是通过"声音一听觉"（闻悟）这种特定的形式来传播某种讯息才得以发生。当然，这些讯息并非无中生有，它们来自甘泉平日所暗自用功的经典。在湛若

① 《精选古体诗自序》，《甘泉先生续编大全》卷1。

② 《寄陈惟浚》，《泉翁大全集》卷9。

水看来，所谓经典皆是“圣人之精（气）”[①]，不过，这些经典所蕴含的讯息平日不易被发现，但是在平旦或中夜，它们通过声音（也是一种“气”）这种形式而被甘泉所获取。看似神秘，又不神秘，通过“气”这一种能量形式进行的传递。

直到这时，整个悟道过程还没有结束，它的完成还需要一个重要的环节，也就是要将心中所闻悟到的内容与儒家的经典（或先贤的名言）进行印证：“感程子之言‘吾学虽有所受，天理二字却是自家体认出来’。李延平云‘默坐澄心，体认天理’……”以此来印证自己所闻悟到的内容是否正确。对儒家的经典进行印证是甘泉悟道体验中必不可少的环节，这并不是孤例。上文所言西樵山烟霞洞夜悟格物之指时，甘泉也有“复检程子书”的举动。这实际上是通过诉诸人类群体精神生命的历史经验，使悟道者看似独特而特殊的精神体验在群体系统中得到共鸣和统一，并升华成一种具有普遍超越性与精神价值的公共经验。只有通过这一步，悟道者的体悟才不是一种“自说自话”的私人经历，悟道现象也才能得到理解而不是神秘不可言说的。

从上面的分析我们可以看到，湛若水丁巳悟道的思想历程大致由四个环节构成，缺一不可：首先，久未有着落处（的精神困境）；其次，平旦（或中夜）的静坐；再者，忽然若有闻悟；最后，复检经典进行印证。

2. 悟道的内容

上文所讲甘泉精神困惑的两个原因中，找不到做学问的头脑对他来讲更为急切和关键，而一旦找到为学头脑进入圣学门域，徘徊在旧学与新学之间的那种揪心便不攻自破。对湛若水来讲，经此丁巳一悟，他所体认到的这个学问头脑是天理：“天理”二字，千圣千贤大头

① 《樵语》，《泉翁大全集》卷1。

脑处，尧舜以来至于孔孟，说“中”、说“极”、说“仁义礼智”，千言万语，都已概括在内。这个天理是甘泉自己所悟得的，他曾经说：“先师虽不曾说破，而初授必有事焉一节，后来自用功得之天理二字，知所有事在此，质于先师，先师深然之，谓着此一鞭，何患不到古人佳处也。”[①]关于此悟之内容，湛若水后来也屡有回忆：“此个天理，吾初学精思自得之。”[②]又说：“今日天理二字，实是元初予自悟得，可念二三十年未得了手。”[③]

需要注意的是，“头脑”对湛若水本人来讲，不仅仅是一个工夫的根据，同时也是精神和价值安顿的所在，它是内在精神生命的主宰，充塞流贯其中。在这个意义上，甘泉这一悟绝不只是在工夫层面的入处与抉择，而是一种直指本体的悟道体验。他要确认这种为善成圣的道德根据与力量均源于自身，而非来自外界。

那么，为什么湛若水所体悟到的这个头脑是天理，而不是其他（如良知）？这与甘泉的求学经历分不开。在甘泉游学之初，陈白沙便授之以二程之书，“甘泉子三十而游江门，江门夫子授之程子之书。”[④]“天理”二字是二程思想的关键词，甘泉日日浸润其书之中，必得潜移默化，体悟到天理作为其学问头脑便不足为奇。倘若白沙所授是孟子之书，或许甘泉悟得良知作为学问之头脑亦未可知，这便是为学之机缘不同。湛若水青年时代潜玩二程之书，这一经历对他一生的思想历程有着决定性影响，不止于丁巳之悟，其生命中很多重要的思想事件几乎都与二程有关。例如，正德元年（1506）湛若水与王阳明定交，所宗正是程颢（字伯淳，号明道）“仁者与天地万物为一

① 《答问》，《甘泉先生续编大全》卷28。

② 《湛子约言》，《甘泉先生续编大全》卷30。

③ 《新泉问辩录》，《泉翁大全集》卷69。

④ 《大科书堂训规序》，《泉翁大全集》卷5。

体”的思想主张，后来又发展为《心性图》中“性者天地万物一体”的思想；西樵山烟霞洞夜悟格物之指，即程颐（字正叔，号伊川）“致知在所养，养知莫过于寡欲”的启发之功最大，这又使得甘泉对《大学》文本的解释得以与“随处体认天理”的思想融贯起来；另外，湛若水倡导所谓合一之学以破除支离之学，又是借助《遵道录》的撰写进行的。

一方面，湛若水所体悟到的这个天理并不是一个外在的、空洞的形式规定，而是有丰富的内容，它涵括了前圣先贤所说的中、极、仁义礼智，当然也包括孟子所讲的良知，只不过它们是天理不同面向的显现；另一方面，他所体悟到的天理其内容也是不断流动变化丰满的，随着修道者人生阅历、精神境界的变化和丰富而随之充实，故此甘泉方有“可念二三十年未得了手”的感叹。

除了为学之头脑，这封书信最后还谈到了具体的工夫，“若能随处体认，真见得，则日用间参前倚衡，无非此体，在人涵养以有之于己耳”，白沙见信后复之：“日用间随处体认天理，着此一鞭，何患不到古人佳处也。”[①]这句话也是人们将甘泉随处体认天理思想归之于丁巳之悟内容的主要根据。但是严格地讲，“随处体认天理”六字最初乃是陈白沙对甘泉来信的高度概括，而非湛首提之。抛开这些文字上的枝节不论，笔者所关注的是湛甘泉对于工夫节次的描述：第一，体认真见得；第二，涵养以有之于己。

第一层中讲的内容延及的另一个重要问题则是“一与万”如何融贯（即为何真见得则日用间无非此体），说到底是“随处”与“吾心”如何贯通的问题。甘泉在这里并没有解决这一问题，他似乎也没有意识到这会成为一个问题。这个问题在甘泉提倡中正合一之学时才

① 陈献章：《与湛民泽（十一）》，《陈献章集》，上册，第193—194页。

慢慢浮现突显出来。此外，“无非此体”的“此体”所指为何，甘泉此时也未明说。直到在南京新泉精舍讲学，往复阐释“随处体认天理”工夫时，甘泉才真正明确“此体”乃是“性体”“仁体”。另外，当甘泉讲“体认天理”时，其“体认”之意实际上偏于狭隘义，是指真切体见到“天理”，更多地指“知道”的一面；另一方面，真见得此体并不足够，关键要在心上做涵养的工夫，将其转化为自身的一部分。然而，在新泉精舍讲学时，甘泉以“随处体认天理”六字授徒，其“体认”意涵则更宽泛，而兼有涵养之意。换句话讲，工夫是涵括体认与涵养的。而此时甘泉思之未精，这两层含义未能无缝对接、融贯为一体，给人有知行二分之感。

虽然工夫看起来有两个不同的节次，但是“随处”二字基本落实到“本心”之上，甘泉早期的工夫论重心依然着落在内心的涵养上，这一点完全反映在这一时期的作品中。也正是如此，甘泉后来尝有两端而遗其一之叹：“吾年五十而后学渐得力，盖从前未曾深加致知之功，虽力行涵养而未能真知。”[①]这是由于湛甘泉此时的思想还在陈白沙的笼罩之下，因为“白沙之学，吃紧工夫，全在涵养”。

总之，焚烧会试部檄只是湛若水立志圣学的一个形式，只有到了丁巳之悟完成以后，甘泉方才找到圣学工夫的根据与方向，做工夫方有主宰不至茫然失荡、有所着力不至脚踏棉花。自是而后，湛甘泉从寻觅到的圣学门径中与旧学中的“自己”彻底诀别，完全进入提升自己道德生命与精神境界的自得之学中，一心投入希圣求圣的圣贤事业，尽管这条道路充满了荆棘与崎岖。

（二）本心、天机与勿忘勿助工夫

甘泉虽在丁巳悟得天理作为学问头脑，然而我们仔细阅读这一

① 《知新后语》，《泉翁大全集》卷3。

时期所留下的数量不多的文字，发现甘泉并未以天理作为其时思想论说的核心。这一时期，甘泉对于天道的理解及所持循的工夫基本上依着陈白沙以“自然为宗旨”的教法而来。陈白沙晚年的学问多宗“自然”二字，他对湛甘泉的指点也多以此为中心，在给甘泉的书信中屡屡体现这一点，如“此学以自然为宗者也。承谕近日来颇有凑泊处，譬之适千里者，起脚不差，将来必有至处。自然之乐，乃真乐也。宇宙间复有何事？故曰：虽之夷狄，不可弃也”①；“承示教，近作颇见意思。然不欲多作，恐其滞也。人与天地同体，四时以行，百物以生，若滞在一处，安能为造化之主耶？古之善学者，常令此心在无物处，便运用得转耳。学者以自然为宗，不可不着意理会”②。这一时期的湛若水受白沙学问的影响，常常使用“机”（几）字来描述天道这种自然、天然的面貌。

另一方面，他对工夫的论说也几乎不以“体认天理”作为话头，而是沿用陈白沙勿忘勿助的教法，强调对本心的涵养。对于甘泉来讲，丁巳之悟仅仅是一个开始，他所体悟到的内容需要在持续的修身活动中得到进一步的确认与巩固，此时的湛若水并没有来得及将自己体悟到的东西进行凝练而形成独特的义理系统。但是，这并不意味着湛若水抛弃了原先体悟到的东西。事实上，他所体悟到的天理其自然、天然的含义尤为突出，这当然与陈白沙的影响关系密切。抛开言辞的限制，丁巳之悟与其后思想的展开有内在的一致性，特别是将工夫的重心着落在本心的涵养上，这一点成为甘泉这一时期几篇重要文字论说的核心。以本心的涵养作为工夫论的核心，也是当时学者对甘泉义理特点的共识，何瑭（字粹夫，号柏斋）曾指出“予往年亦尝问

① 陈献章：《与湛民泽（九）》，《陈献章集》卷2，第192—193页。

② 陈献章：《与湛民泽（七）》，《陈献章集》卷2，第192页。

学于甘泉子，予则以格物致知为先，甘泉则以存心为主。”[①]

“机”字背后蕴含着“气”的向度，所要表达的是一种一体生生之意。弘治十二年（1499），湛甘泉撰《万竹轩记》，文中讨论人与物之间的感应关系。这种讨论从“天地人物之气，一也”开始，这是湛若水最早对宇宙一气思想的明确表达，在此基础上，甘泉进而谈到人与物之间的感应与通塞之机，但是这些“机（窍）”并非从外而来，而是完全根植于吾心。关于天机与吾心之间的关系以及如何做存机工夫，湛甘泉在《睟面盎背论》一文中有更为详细的发挥：

> 夫天机之发，森不可遏，其凡可以遏之，而又可以形之者，大抵皆人为也，非天机也。惟天机之根于心，虽欲遏之而不可藏也，虽欲形之而不可显也。不可显不可藏，则显与藏皆天，而人不得而预焉。……玉在石而辉，珠藏渊而媚，亦独胡为而然哉？夫物固有以为之机者矣，而况于人乎！而况于君子有德者乎！……盖其诚于中，形于外，和顺其心，发于面目，畅于四肢，盖自有不可掩者，其天机之不能已乎！……故天有元而人则有仁，天有利而人则有义，天有亨而人则有礼，天有贞而人则有智。仁、义、礼、智，人之所以得于天者也。得于天者，天之机也，非人之所为也，人之所为则非天矣。此所以寂而能感，静而能动，内而能外，隐而能彰之枢机也。君子必有事焉而勿正，心勿忘，勿助长，所以存天之机，而不以人力参之也。本体自然，不犯手段，积以岁月，忽不自知其机之在我，则其睟于面，盎于背，皆机之发所不能已。而寂不能以不感，静不能以不动，内不

① 何塘：《赠大司成甘泉先生奏绩北上续》，《增城沙堤湛氏族谱》卷27。

能以不外，隐不能以不彰，亦理之常，无足怪者。……[1]

此文是湛若水三十九岁中式之文，虽限于题目与体裁，所论未必精纯，但依然可以清晰地看出甘泉这一时期思想的特点。“睟面盎背”典出《孟子》，湛若水要讨论的问题是道德如何通过人的身体显现出来，他认为气（机）是沟通这两者背后的要素。仁义礼智是人之四德，四德又完全得诸元亨利贞之天德，是人之所得于天，也就是天机。这是由天道而下落到人道的一面，但这并不是甘泉论说的重点。这段话讨论的中心是“本心”。文中强调，天机只有根之于心，方能真正森不可遏、形不可显。换句话讲，所谓的显与藏皆天，实际上是指显与藏皆心，这样一来天机就转化为人心的生机。

在甘泉看来，人心是天机发窍（显现）之所在，也是寂而能感、静而能动、内而能外、隐而能彰的根本（枢纽）。这是人心彰显天道的一面，天道与人道的贯通与互动在本心这里得到实现。这一点落实到工夫上，就是要在本心上“存天之机”。甘泉认为要存天机则需要做勿忘勿助的工夫，重点在于“勿”字。“勿”便是要去掉那些人为干涉的东西。这种工夫以刮磨人欲为目标，似乎有些消极，因为让人感觉好像总要去寻找人欲。但事实并非如此，甘泉接着又谈到“本体自然，不犯手段”，是指要从本体上直接去做工夫，虽然没有具体详细的展开，殊为可惜，但是甘泉重视从本心上直接做工夫却无疑问。

这一时期甘泉还有所谓“大心”的讲法，它的论说是从心的客观层面开始的：“太一，一心也，天地，动静也。四时，四德也；五气，五常也，万物万事之变也。居乃斋，存乃心，慎乃动静，蕴乃四德，

① 《睟面盎背论》，《泉翁大全集》卷33。

由乃五常，以应万事之无穷，初其有□复矣乎？”[1]心是天地动静、万物变化的主宰和源头，在这个意义上，心似乎具有一种生天生地的造化能力，具有一种泛灵论的色彩。至于下半部分所讲的存乃心，这个心的含义已有所变化，它是作为天地造化本原的大心在人身上的落实。在甘泉看来，这个心实际上也是一个未发之中，他在《中者天下之大本论》一文中说到：

……于是乎有三纲五常之理出焉，三纲五常之中，吾心未发之中为之本也。于是乎有礼乐刑政之理出焉，礼乐刑政之中，吾心未发之中为之本也。于是乎有万物之精粗，与其精精而粗粗者之理出焉。于是乎有万物之巨细，与其巨巨而细细者之理出焉。精粗巨细之中，吾心未发之中为之本也。孰谓天下之至有而不本之于天下之至无、天下之至动而不本之于天下之至静、天下之至实而不本之于天下之至虚、天下之至神而不本之于天下之至近哉？知此则未发之中，天下之大本，可以不必索之子思之书，而自得于吾心寂然之际，而程子所谓“于喜怒哀乐未发之前而求所谓中者作何气象”，可默识之矣。斯理也，在《易》所谓“太极”，在孔门所谓“一”，在周子所谓“无极”、所谓“诚”，在程子所谓“廓然大公”，在张子所谓“虚者仁之原”，皆此物也。君子体之如是也，故戒慎乎其所不睹，恐惧乎其所不闻。愚尝得其说矣。曰：不忘之谓戒，不怠之谓谨，不肆之谓恐惧，而过于矜持者之谓凿之也。孟子曰：“必有事焉而勿正，心勿忘，勿助长也。”此其存之之法也。未尝敢以人力参之而凿其智也。彼释、老之虚无寂灭，其高过乎中而无实，沦天下于无者也；管、

[1] 《拟复初斋记》《湛甘泉先生文集》（嘉靖十五年本），《内编》卷13。

商、汉儒之权谋术数、记诵词章，其卑不及乎中而无用，滞天下于有者也。……[1]

这段文字讨论的中心是未发之中及其存养方法。甘泉之立论乃由己身之切近处推扩而达至天地万物。三纲五常即人伦之理，礼乐刑政乃国家之法理。甘泉认为它们皆有其“中”，而其“中”之本则在于吾心未发之中，推扩至天地万物巨细精粗之中亦是如此。需要指出的是，甘泉“吾心未发之中为之本”的“本”并不是前面所讲的作为造化的本原之意，而是作为天地万物其价值与意义的一种呈现，天地万物巨细精粗之中是通过吾心未发之中得以实现的。

湛甘泉还使用“至无”“至静”“至虚”“至近”来描述心体，也就是说心体最精微之处是至寂静、至虚无的。这一点倒与聂双江、罗念庵的思想主张有类似之处，当然甘泉主要还是受陈白沙的影响。当讲到自得吾心寂然之际，存养未发之中的工夫时，甘泉还是依循白沙勿忘勿助的自然教法，所谓“未尝敢以人力参之而凿其智”即是前文“本体自然，不犯手段”之意。甘泉这里的勿忘勿助工夫既有涵养义，又有自然义：它既是存养吾心未发之中，涵养本心的方法；同时，这种工夫又是依循着心性本体自然而然去做，不能添加任何人为的刻意安排。

另一方面，甘泉又警惕这种工夫会不知不觉滑向释老的那种太过高妙的主张，因此他又特意对戒慎恐惧工夫进行了一番解释。以“不忘”“不怠”“不肆”诸否定性词汇来描述戒慎恐惧工夫，这是“必有事焉”的工夫。三“不”中已含有敬的味道，由此转出“主敬”工夫便自然而然。不过需要指出的是，这个“敬”既受程明道影响，也是

① 《中者天下之大本论》，《泉翁大全集》卷33。

从陈白沙处转手而来。陈白沙的敬是“无欲之敬”，甘泉对此有过归纳：“至无而动，至近而神。因圣学以明无欲之敬，举鸢鱼以示本虚之仁。”[①]三“不”背后有很深的义涵，后来在新泉讲学时曾特别指出：“愚昔会试程文，论中有云‘不忘之谓戒，不怠之谓谨’云云，正以救其过耳。盖戒慎恐惧，即是勿忘勿助，元无丝毫人力，皆是自然，此与鸢飞鱼跃岂不同一活泼？”[②]所以，甘泉这里所讲的敬虽然偏向心体的涵养，而使心体处于一种戒谨的状态，这种状态是自然如此的，不需人力刻意去把持和安排。这种“自然如此”实际上是指只要对心体进行涵养，它便自然会出现。在这种意义上，甘泉所讲的三“不”兼取有敬谨与洒脱之意。

湛若水的这些思想也反映在这一阶段的诗作中，下面检举两例予以说明：

[1] 皇天常无私，日月常盈亏。圣人常无为，万物常往来。何名为无为？自然无安排。勿忘与勿助，此中有天机。[③]

[2] 万物宇宙间，混沦同一气。充塞与流行，其体寔无二。就中有粲然，即一为万理。外此以索万，舍身别求臂。逝川及鸢鱼，昭昭已明示。我心苟不蔽，安能出于是。知止乃有定，动静原非异。见之即浑化，是名为大智。其次在敬养，敬有为心累，勿忘以勿助。其机极简易，嗟彼世间儒，憧憧起私意，自然本无为，廓之配天地。[④]

① 《奠先师白沙先生文》，《泉翁大全集》卷57。

② 《新泉问辩续录》，《泉翁大全集》卷74。

③ 《九章赠别并序》，《泉翁大全集》卷40。

④ 《舟泊梁家庄檃括与应元忠语》，《泉翁大全集》卷40。（序号系作者添加。）

第一首诗是王阳明遭贬赴贵州龙场前甘泉送别他所作诗九章之一，第二首诗是对应元忠工夫之指点。在第一首诗中，“无私”“无为”是从自然的一面讲，而“盈亏”和“往来”则表示一种节奏或节律，“常”字更突出这种节奏的规律性和恒常性。这实际上是一种自然的理则，也就是所谓的天理，只不过此时甘泉以“天机”二字言之；“机”而冠之以“天”，无非是强调此机之自然与节奏之意。第二首诗是甘泉这一阶段最为纯熟的话语，他从一气之流行、充塞来讲宇宙万物之为一；而所谓“逝川”“鸢鱼”无非是讲道体之自然流行；心之不蔽，即是本心处于无欲的状态，而这种状态毫无疑问是自然本无为的状态；而下即讲工夫，“知止”与“敬养”乃工夫之两个节次，与前分析丁巳之悟的工夫节次是一致的。

二、破除支离之学　倡导合一之学

湛若水在五十岁前后，开始有自己的问题意识，并非全是持守师说，其学问工夫发生了转变，从前期的以心性涵养为主转变为心性涵养与穷理致知并重；相应地，在学术上，他倡导一种中正合一之学以破除偏于内或偏于外的支离之学。这种变化与他自己的学术处境及当时的学风相关，同时这也基于他强烈的儒家立场。

（一）支离之学与合一之学

正德十年（1515），湛若水丁母忧，后上疏乞入西樵山调养身病、心病，以待时用[①]。在西樵山讲习期间，他自觉对工夫有新的体会与进展：“仆自忧制后，衰病莫支，乃讫退居西樵，与同志诸子讲求旧

① 《乞养病疏》，《泉翁大全集》卷36。

业二三年矣，颇觉与向时所见差别，恨不得与高明订之。”[①]这个差别是什么呢？后来他自己对此有交代：“吾年五十而后学渐得力，盖从前未曾深加致知之功，虽力行涵养而未能真知，是以未能无惑也。始知博学、审问、谨思、明辨、笃行阙一不可。是故《大学》之教，必知止而后有定，譬如夜行无烛，其心眩惑，安能直行？”[②]这表明他意识到自己此前的工夫有所欠缺：过于重视内在的涵养，而忽视致知的作用，在穷理致知上面有所欠缺。换句话讲，就是太过于重视尊德性而遗阙道问学，两者未能统合。

其实，湛若水这种转向的苗头还可以再作追溯，正德十五年（1520）甘泉在给阳明的一封信中谈道：“夫所谓支离者，二之之谓也，非徒逐外而忘内谓之支离，是内而非外者亦谓之支离，过犹不及耳。必体用一原，显微无间，一以贯之，乃可免此。仆在辛壬之前，未免有后一失，若夫前之失，自谓无之，而体用显微，则自癸甲以后自谓颇见归一。”[③]

这封信是甘泉对自己学问工夫的一个辩护，而辩护的关键在于“支离”一词的解释上。“支离”一词最早见于《庄子》一书，意指形体的残缺。在庄子那里，支离并非一个贬义词，但是到了理学家手中，支离却转化成为一个有价值评判意味的概念，用以批评一种限于偏狭的思想或学问。湛若水对支离一词做出自己的界定，“所谓支离者，二之之谓也，非徒逐外而忘内谓之支离，是内而非外者亦谓之支离，过犹不及耳。”并不只是逐外遗内才是支离，是内而非外也是支离的表现，而后者在当时常常被人所忽视。甘泉自认为在正德六年（辛未年，1511）、七年（壬申年，1512）以前其思想确实存在是内而

① 《答朱守中侍御》，《泉翁大全集》卷9。

② 《知新后语》，《泉翁大全集》卷3。

③ 《答阳明》，《泉翁大全集》卷8。

非外之支离，而正德八年（癸酉年，1513）、九年（甲戌年，1514）之后这个问题已经不存在，已经能够“颇见归一”，转向一种合一之学：“甘泉子五十年，学圣人之道，于支离之余，而得合一之要，而寡予受。”[①]这是我们将甘泉第二阶段的思想以48岁（即正德八年）作为标界的原因。事实上，合一之学确实是甘泉这一时期所标榜自得的学问，也常以此教授弟子：“近觉于此合一处最得力耳。区区自丁丑入西樵山，与学子讲此学，下山之迹稀矣。”[②]对于上文所讲的这两种支离，湛若水有更进一步的解释：

甘泉子曰：“呜呼！杨子，一尔心，毋支离尔学矣。”“曷谓支离？”曰：“或偏则外，或偏则内，二之皆支离也。人知偏外者之支离矣，而未知偏内者之为支离。偏外故忘本，忘本则迹；偏内故恶物，恶物则寂。二者皆支离之疚也。离也者，离也，贰而贰之也，是故致一则一矣。君子之学，内外合一，动静合几，体用合原，物我合体。内外合一者德，动静合几者神，体用合原者道，物我合体者性。尧曰‘执中’，舜、禹曰‘精一’，禹传之汤，汤以传之文、武、周公，周公传之孔子，曰‘一贯’。孔子传之颜氏，曰‘博约’。是故内外动静一矣。体用物我一矣。孔、颜之后，离而二之者渐矣。千有余年而后有周、程，故程子曰‘一原’，曰‘无间’。周、程之后，离而二之者甚矣。呜呼！一之者其谁乎？是故内外分而动静判，动静判而体用离，体用离而物我间。夫天之生物，一本也。夫道，一本者也，知不二本。又何有于内外？故一之而后可以入道，道无二也。”或曰：

① 《送方直养归齐云诗序》，《泉翁大全集》卷16。

② 《与王征卿同府》，《泉翁大全集》卷9。

“杨子于子之言契矣，闻内外体用物我之合一矣，执事斯敬矣，骎骎乎而之道矣。吾子犹谆谆乎支离之戒，何居？”甘泉子曰：“傲慢游淫之戒，犹谆谆乎大圣也，何居？龟山之于程子也，晦翁之于延平也，犹不能无惑于离索之后矣，何居？夫适道者，不贰其途，虽万里可至焉；中道而贰之，则虽十里其能至之哉？呜呼！杨子，一尔心，无贰尔途矣。”[1]

这篇文章一方面指出两种支离情形各自的表现：逐外遗内者忘本，忘本则会溺于外在行迹；是内非外者恶物，恶物则会陷于枯藁空寂，若不加注意极易滑向释老一边而不自知。所以，不偏不倚的君子之学当是“内外合一，动静合几，体用合原，物我合体”的学问。另一方面则从儒家思想史中为自己的合一之学寻找一个理论的谱系，从尧之“执中”与舜、禹之“精一”，到孔子之“一贯”与颜子之“博约”，再到周、程之“一原”“无间”，这种溯源为其理论的正当性提供了重要的支撑。对学统的重视，与他怀着强烈的儒家意识分不开。这里还透露出一个重要问题，就是他所主张的合一之学的根据是什么，或者说批判支离之学的最终根据是什么？这个根据其实是“道一而已”，也是其后来所作《心性图说》中所讲的天地万物一体之“一体”。

对此问题，甘泉多次强调：“四会重修学成，问学甘泉子。曰：‘学一而已矣……夫道，一而已矣；夫学，修之以复乎道而已矣。是故圣人修道以成天之能，君子修身以复己之命。故古之学者本乎一，今之学者出乎二。二则支，支则离，支离之弊也久矣。’”[2]修学实际

① 《送杨少默序》，《泉翁大全集》卷16。

② 《重修四会县儒学记》，《泉翁大全集》卷26。

上是为了复道，只有真正体贴到这全体或一体之道，才能从根本上破除支离之学，而复道的关键则在于“一心”：“甘泉子喟然叹曰：‘夫学莫病于支离矣，自一念以至万物，无非心也，二之者支离也。’”既然“自一念以至万物，无非心也”，那么工夫的着落依然在心上，离开心这个本体去做工夫便是支离。合一工夫的重点还是落在心上，心实际上统合着内外、动静、体用与物我，故甘泉赠杨士鸣返潮一文之始末均以“一尔心”作为嘱咐。

（二）强烈的儒家意识

湛甘泉入主西樵山后的思想转向在学界已渐成共识，而至于何种原因促成这种转向则大多语焉不详。其实，当我们去梳理甘泉这一时期的文字作品，可以发现一条潜隐的线索与这种转向相呼应，甘泉的思想转向与他本人对学统、学脉之正当性的理解与守护密切相关，其背后蕴藏着一种强烈的儒家正统意识。前面我们分析《中者天下之大本论》一文时指出，甘泉用“中”来描述心体之本然状态，但是这时候他转而以“中正”来描述心体的这种状态，比如他常常讲“吾心中正之（本）体”；对“正”的强调与甘泉强烈的正统性意识密切相关。事实上，这种意识的产生与他自己当时的学术处境有关，也与当时象山学的复兴盛行相关。

正德六年（1511）甘泉受命出使安南国，临行前王阳明有言赠之曰：

颜子设而圣人之学亡。……夫求以自得，而后可与之言学圣人之道。某幼不问学，陷溺于邪僻者二十年，而始究心于老释，赖天之灵，因有所觉，始乃沿周程之说求之，而若有得焉。顾一二同志之外，莫予翼也，岌岌乎仆而后兴。晚得友于甘泉湛子，而后吾之志益坚，毅然若不可遏，则予之资于甘泉多矣。甘泉之学，务求自得者也。世未之能知，其知者且疑其为禅。诚禅也，吾犹未得而见，而况其所志卓尔若此。则如甘泉者，非圣人之徒欤？多言又乌足病也？夫多言不足以病甘泉，与甘泉之不为多言病也，吾信之。吾与甘泉友，意之所在，不言而会；论之所及，不约而同；期于斯道，毙而后已者。今日之别，吾容无言。夫惟圣人之学难明而易惑，习俗之降愈下而益不可回，任重道远，虽已无俟于言，顾复于吾心若有不容已也，则甘泉亦岂以予言为赘乎？[①]

阳明在此文中回顾了自己早年的学思历程，同时也对甘泉所做之学问进行评点：阳明将甘泉的学问视为一种自得之学，必为甘泉所首肯；这也是二人能一见如故、共盟圣学的原因。而文中也指出当时学界对甘泉的两种批评：禅学与多言，对这两种批评，阳明为甘泉做了些许辩解。对于多言的批评，甘泉部分接受，后亦有所自省："近亦觉多言，正于默识处用功，偶又不能不言也。"[②]这体现了他对言诠使用的纠结，以致他对于文字写作也颇为谨慎，大科书院落成之后，弟子屡请教言，而甘泉迟迟未允，直至最后不得已而作《大科书堂训规》：

［甘泉子］五十以忧病归西樵。……因曰大科书院，诸生咸请有教言，甘泉子勿有言者逾岁，诸生复请有教言，甘泉子勿有言者逾时。甘泉子曰："吾有言乎哉！诸生其以言焉，吾无言焉可

① 王守仁：《别湛甘泉序》，《王阳明全集》第一册，第245—246页。

② 《答方西樵》，《泉翁大全集》卷8。

也，吾不徒言乎哉！诸生其不以言焉，吾虽欲无言焉，吾恶得而默诸？乃为条之如左，凡以发诸心性也，凡以归诸心性也，凡以无所外于心性也，吾其不徒言也已。诸生以吾不徒言之实，而求得吾之所以言焉。由得吾之所以言，而契夫吾之无所容于言焉，其几矣！其几矣！”①

勿有言者逾岁、勿有言者逾时，一方面在于引导学生做一种自得的学问，向自家心性本体求取，而另一方面也是对言诠的谨慎使用，这与甘泉受到对为学多言的批评分不开。当然，这是儒门内部的批评，大多是学友间相互砥砺以期圣学工夫共同进步，针对的是工夫的方式或风格。

然而将其判定为一种禅学则是对甘泉学问极为严厉的质疑，这种质疑直接将甘泉拒于儒门之外，将其判为伽蓝异端。这对一个将儒门圣贤事业作为毕生追求的人来说，无疑对其心理与精神造成巨大的打击，但另一方面也使甘泉开始反思并逐步澄清自己的学术思想。这种批评是顺着对其师陈白沙的批评而来，当时学界对白沙学是禅学的批评有许多附和的声音，如甘泉回忆：“以为禅者，皆起于江右前辈，白沙先师自得之学，发于言论，不蹈陈言，遂疑是禅。故胡敬轩《居业录》有二处：一以答东白先生书‘藏而后发’之语为禅，水辩之曰：‘然则中庸溥博渊泉而时出之者，亦禅矣乎？’一以‘静中养出端倪’之语为禅，水辩之曰：‘然则孟子夜气之所息，及扩充四端之说，亦禅矣乎？’盖人之心，天理本体具存，梏之反复，则亦若无有矣，实未尝无也，夜气养之，则本体端倪，遂从此涵养扩充盛大，则天理流行矣，何以谓之禅？后世必有能辩之者。水非虑后世人遂以白沙先

① 《大科书堂训规》，《泉翁大全集》卷5。

生为禅，是累白沙先生也；恐后世圣者复作，遂疑之者之未见也。”[①]

所以，辨正儒释之说不仅是澄清自己的学问工夫，更是为师门的儒学纯正性做出维护与守持。借助儒家的先圣为自己发声，从他们那里获取理论与经典的支持是一种重要而有效的方式。上文对白沙的辩护就是从《中庸》和《孟子》中寻找理论的支撑，而获得一种思想的正统性。对自己学术思想的建构与辩护，甘泉亦采取同样的方式，比如他通过《论语》中“执事敬”的重新诠释而使其思想主张与儒学无缝对接，再如《遵道录》的写作也是借古言今。

除了阳明在赠言中所透露出来的信息，我们从甘泉这一时期所写的作品以及所思考的问题中也可以看出辨正儒释之别，厘清圣学入门头路逐渐成为他这一时期的问题意识。在出使安南国的早些时候，友人张秀卿归省时之赠言中就已经明确将为学之道与儒释之辨联系起来，辨清入门头路成为立志圣贤事业者之头等大事：

> 槎湖张子与甘泉子同守太史，相善。……张子曰：“学孰为大？”对曰：“辨为大。”曰：“辨孰为大？”对曰：“儒释为大。”曰：“孰为儒？”曰：“知释之所以为释，则知儒矣。”曰：“孰为释？”曰：“知儒之所以为儒，则知释矣。”曰：“请问所以。”曰：“儒有动静，释亦有动静。夫儒之静也体天，其动也以天，是故寂感一矣。夫释之静也灭天，其动也违天，是故体用二矣。故圣人体天地万物而无我，释者外四体六根而自私。是故公私大小判矣。”……正德辛未八月□日[②]

① 《归去纪行录》，《泉翁大全集》卷85。

② 《太史张秀卿归省赠别》，《泉翁大全集》卷14。

对儒家门户纯正性的敏感和重视使得湛若水对三教融合保持一种严苛而保守的态度，甘泉与阳明在这一时期的论辩也多次围绕儒释之异同展开。在三教融合的问题上，阳明持一种更加宽容、开放的姿态，鼓励从释老二教中汲取思想资源，而甘泉则多次批评阳明对待三教问题过于宽松的立场，认为阳明未能严守儒学门户，有滑向堕入释老之学的危险。正德九年（1514）春，甘泉出使安国回国，与阳明会于滁阳之间，夜论儒释之道。遗憾的是，由于没有更多的文字材料，有关这场夜论儒释之道的具体情形已无法知晓，不过我们从后来的两封往来书信中似可窥探其中的一些端绪：

［1］昨叔贤到山间，道及老兄，颇讶不疑佛老，以为一致，且云到底是空，以为极致之论。若然，则不肖之惑滋甚。此必一时之见耶？抑权以为救弊之言耶？不然，则不肖之惑滋甚。不然，则不肖平日所以明辨之功未至也。上下四方之宇，古今往来之宙，宇宙间只是一气充塞流行，与道为体，何莫非有？何空之云？虽天地弊坏，人物消尽，而此气此道亦未尝亡，则未尝空也。道也者，先天地而无始、后天地而无终者也。夫子川上之叹，子思鸢鱼之说，颜子卓尔之见，正见此尔。此老兄平日之所潜心者也。叔贤所闻者，必有为而发耶？此乃学最紧关处，幸示教以解惑。[①] 正德十年

［2］不肖孤适在禫除之际，忽接手谕……前叶以嘉来，手谕中间不辟佛氏、及底皆空之说，恐别有为。不肖顽钝，未能领高远之教。虽若小有异同者，然得于吾兄者多。此一节宜从容以

① 《寄阳明》，《泉翁大全集》卷8。

候，他日再会，或有商量处也。[1]正德十二年

从这两封书信中，我们看到甘泉从儒释二家根头上立说，辨清圣贤学问与释老异端之别。在儒家眼中，天地宇宙到处皆是道体之充塞流行，而不是一幅冷冰冰、灰蒙蒙、到底皆空的世界图景。前者生意盎然、雀跃，后者则是悲凉暗淡，所见宇宙世界之基调不同，则工夫与境界自然不同，这是从根本上辨正两者的不同。而且，湛甘泉认为释氏这种是内非外之学是天下至繁至难之学，和圣门内外合一的简易之学不可同日而语：

甘泉子曰："甚哉！道之不明也。夫圣贤之学，天下之至易简者也，或忽以齐诸佛。""何以为易简也？"曰："体天理而已，内外合一者也。夫佛老之学，天下之至烦难者也，或混以齐诸圣。""何以为烦难也？"曰："苦根尘而已，是内非外者也，无惑乎道之不明也。大哉！二程夫子之有功圣门也，排佛老而卫先圣之道，虽以配孟可也。吾师白沙夫子手授遗书于水曰：'孔孟正脉也。'水受而读之二十余年矣。"或曰："明道、伊川之学果若是班乎？"曰："读明道之言，浑然如和气至矣，其乾道之圆以知乎！读伊川之言，确然如肃气至矣，其坤道之方以能乎！伊川曰：'吾之学与兄同。'果若是班乎？明道曰：'勿忘勿助，无丝毫人力。'伊川曰：'体用一原，显微无间。'二夫子之学，果若是异乎？《易》曰：'乾以易知，坤以简能。'夫易以知者，其圣人之学乎！简以能者，其贤人之学乎！久矣。予梦伊川揖予于山之麓，曰：'明道其后至矣。'二程子之学，其条贯之一而进为之次，盖

① 《答王阳明书》，《泉翁大全集》卷9。（序号系作者添加。）

> 兆之矣。吾独惧夫后之学者，乐超逸而厌平易，好径捷而恶中道，崇象山而忽二程子之为至学，以达诸孔孟也。既采明道语为《遵道录》，今唐府纪善周生冲从予游，笃好正学，又采伊川语之在宜兴者，而表章之，其亦继吾志而作者耶？其圣人之徒也。[①]

实际上，湛甘泉对儒门纯正性或正统性的强调还与其对当时学风“乐超逸而厌平易，好径捷而恶中道，崇象山而忽二程子”的深深忧虑有关。甘泉这种担忧并非直接针对陆象山本人的学问工夫，事实上他对于“象山是禅”亦多有辨正：

> 知执事……且以象山为禅。于何以为禅？以为禅也，则陆集所云于人情物理上锻炼，又每教学、问、思、辨、笃行求之，似未出于孔门之规矩，恐无以伏其罪。惟其客气之未除，气质之未变化，则虽以面质于象山，必无辞矣。仆昔年读书西樵山时，曾闻海内士夫，多宗象山。仆时以为观象山宇宙性分等语，皆灼见道体之言。以象山为禅，则吾不敢，以学象山而不至于禅，则吾亦不敢。盖象山之学虽非禅，而独立高处。夫道中正而已矣，高则其流之弊不得不至于禅，故一传而有慈湖，慈湖真禅者也……仆因言学者欲学象山，不若学明道，故于时有《遵道录》之编，乃中正不易之的也。若于象山则敬之而不敢非之，亦不敢学之。[②]

该文前半段是对象山学是禅学的辨正。在甘泉看来，象山的学问见解虽然高妙超脱，但是毕竟能下真实切己工夫，故其所见非空空然

① 《伊川唐录序》，《泉翁大全集》卷19。

② 《寄崔后渠司成》，《泉翁大全集》卷10。

也，还是能够洞见到心性本体之真义。所以他对象山学问的总体评价是“象山非禅学，然而高矣”：虽独立高处，但毕竟不是禅学。与此同时，象山学问虽未至禅学，然而由于过于高超，并非一条学者人人可由此而进入圣贤门域的中正道路，它有其弊端：“高则其流之弊不得不至于禅”。“海内士夫，多宗象山”，甘泉再一次表露他的忧心忡忡，因此他转而向二程子那里求取思想资源，救正学风，为学者谋取一条不偏不倚的中正之道。这也是其编撰《遵道录》的原因，关于这一点甘泉后来也多有此述：“象山亦见个大头脑处，不可谓无见……今之学者多尊崇之，至以出于明道之上，此吾《遵道录》所以作也。其徒杨敬仲之学，近日人又尊之，只是厌常喜新耳！”①

正是洞察到当时学界风气极偏向于内在心性的涵养，而担忧学者滑向禅宗异端，故此甘泉开始深刻反省自己前期修身工夫之得失，改变自己前期修身工夫偏重于内在心性的涵养而忽略致知工夫的做法，而倡导一种贯穿于内外、动静的中正合一之学。这是对当时学界思潮的反应，及其对这一思潮可能产生的流弊的一种救正。

（三）执事敬

“执事敬”语出《论语》，进入西樵山讲学，“执事敬”便开始成为湛甘泉这一时期工夫论中一个重要的话头，也是甘泉极为用力之地：“仆自去岁服阕后，拜疏乞养病入西樵，由与世相隔，益得与二三学子讲习，切于执事敬上用功也。”②当讲到“敬”这一工夫时，最容易让我们想起“敬以之内、义以方外”“涵养须用敬、进学则在致知”这样的说法。这些话语中的“敬”是一种内在的涵养工夫，是尊德性与道问学这两轮工夫中的一端。这是我们所熟知的朱子学的敬义。湛

① 《问疑录》，《泉翁大全集》卷75。

② 《寄马伯循天曹》，《泉翁大全集》卷9。

甘泉对敬的重视常常被误解为重走朱子的旧路，但事实上敬的涵义和使用在他手中已经悄然发生转换：敬既指心体的本然状态，又兼指由本体所发出来的修身工夫。

执事敬在甘泉这里是一了百了的工夫："孔门之学，惟有执事敬最是切要。彻上彻下，一了百了，致知涵养，此其地也。所谓致知涵养者，察见天理而存之也，非二事也。学不在多言，顾力行何如尔。张子'言有教，动有法，昼有为，宵有得，息有养，瞬有存'，最切于力行，无走作处。"[①]从一念之微到事为讲习之间，致知涵养皆是一时并在的工夫。致知而涵养者乃察见天理而存之，乍看似为两轮之工夫，然而在致知与涵养间，敬始终贯穿在其中。又有"其中'执事敬'一语，乃仆年来所尤得力者。此乃合内外之道，所谓一本者也，所谓一了百了者也。寻常偏内偏外，未知此要耳。"[②]偏内或偏外都是未能捉住学问的头脑，这是初学者通常所犯的毛病："学者之病，全在三截两截，不成片段，静坐时自静坐，读书时又自读书，酬应时又自酬应，如人身血气不通，安得长进？元来只是敬上理会未透，故未有得力处，又或以内外为二而离之。吾人切要，只于执事敬用功，自独处以至读书酬应，无非此意。一以贯之，内外上下，莫非此理，更有何事？吾儒开物成务之学异于佛老者此也。"[③]

执事敬工夫作为一种"一了百了"工夫大概有两种涵义：一种是一以贯之之义，也就是自独处以至读书酬应，执事敬都贯穿其中；另一种是指所有工夫的关键，只要捉紧执事敬这一工夫，其他一切事情便都会自然而然迎刃而解。甚至，当门人请教甘泉年迈入学如何弥补小学一段工夫时，甘泉一言以蔽之曰"执事敬"："甘泉子叹曰：'道

① 《答邓瞻邓盼兄弟》，《泉翁大全集》卷8。

② 《答陈海厓》，《泉翁大全集》卷8。

③ 《答徐曰仁工曹》，《泉翁大全集》卷8。

之不明，学之废也。先诸小学。’或曰：‘迈矣，为之奈何？’甘泉子曰：‘有一言可以兼之者，曰：执事敬。’”[①]在这种意义上，执事敬工夫无非是一种彻上彻下，随动随静、随感随寂、随有事无事，无往而非此的体认工夫。

从这里我们可以略微看到甘泉此时对于静坐的态度。“静坐时自静坐”，理无动静，因此工夫亦不能限于静坐，在这种意义上，静坐不再是工夫的优先选择，它是与读书、酬应对等的一种独处时的工夫。所以，在甘泉看来，“静坐固善，只恐又靠在一边，不若随静随动，内外两忘，更中正，便无事了。”[②]另一方面，甘泉也并没有对静坐采取一种拒斥的态度，因为静坐所带来的问题在于静坐修习者将静坐工夫支离开来，而忽视了读书、酬应等事为工夫。若是学者皆能如程明道一般，终日端坐如泥塑人，及其应物接人，浑是一团和气，则必为甘泉所赞赏。此外，我们还不得不承认湛甘泉对执事敬的强调与其对陈白沙“静中养出端倪”工夫的改造有关，后者常常引起不必要的误解：

> 白沙先生有言云：“静坐久之，然后吾心之体隐显呈露，常若有物。”观此，则颜之卓尔，孟之跃如，盖皆真有所见，而非徒为形容之辞矣。但先生以静坐为言，而今以随处体认为教，不知行者之到家，果孰先而孰后乎？明道先生曰：“天理二字，是某体贴出来。”是其本心之体亦隐然呈露矣，而十二年之后，复有猎心之萌，何也？意者体贴出来之时，方是寻得入头去处，譬如仙家之说，虽是见得玄关一窍，更有许多火候温养功夫，非止谓略

① 《樵语》，《泉翁大全集》卷1。

② 《新泉问辩续录》，《泉翁大全集》卷72。

窥得这个景象，便可以一了百了也。如何？

虚见与实见不同，静坐久隐然见吾心之体者，盖先生为初学言之，其实何有动静之间！心熟后虽终日酬酢万变，朝廷百官万象，金革百万之众，造次颠沛，而吾心之本体澄然无一物，何往而不呈露耶？盖不待静坐而后见也。颜子之瞻前忽后，乃是窥见景象，虚见也；至于博约之功，既竭其才之后，其卓尔者，乃实见也。随处体认天理，自初学以上皆然，不分先后。居处恭、执事敬、与人忠，即随处体认之功，连静坐亦在内矣。①

甘泉这里将陈白沙静养端倪的教法视为初学入门工夫，他将白沙静养端倪的工夫纳入自己执事敬（也就是随处体认天理）工夫之中，这是调和白沙与自己教法的一种策略。在这种意义上，湛甘泉只是将静坐视为一种辅助的修身工夫。这里笔者更关心的是敬的工夫与上文所讲的“吾心之本体澄然无一物”的状态是一种什么样的关系？

敬字，宋儒之论详矣。惟明道主一之言至当。所谓主一者，心本无一物，若有一物即非一矣。又恐人以主一为滞着于物，故又加之云：“无适之谓一。”若了悟主一之旨，即不消云无适矣。若以主一无适兼言敬字，不免重赘也。若畏字尤难说。至如来札所谓敬亲、敬君、敬师有差，无乃俗态耳。此乃因物而迁，乃所以为不敬也。若事君亲师，非致敬，何常有一物耶？此乃紧要处，须索理会到底也。②

来简报近时所见，足见用心，然直须涵养深厚，自有定见，

---

① 《新泉问辨录》，《泉翁大全集》卷69。

② 《答黄孟善二条》，《泉翁大全集》卷9。

> 所谓物格而知至，今虽说得极是，亦恐是想象。如闭门想象京都，须直到京都则自知京都，不费词说也。所云主一，是主一个中，与少默近来主一是主天理之说相类。然主一便是无一物，若主中、主天理，则又多了中与天理，即是二矣。但主一则中与天理自在其中矣。更思之。①

最早将敬与主一联系起来讲大抵始于伊川（程颐）："凡人心，不可二用，用于一事，则他事更不能入者，事为之主也。事为之主，尚无思虑纷扰之患，若主于敬，又焉有此患乎？所谓敬者，主一之谓敬。所谓一者，无适之谓一。……直内，乃是主一之义。至于不敢欺，不敢慢、尚不愧于屋漏，皆是敬之事也。但存此涵养，久之自然天理明。"②

甘泉误将伊川之言归之明道，是有意为之或无心之失，并不是此处关心的。从这里的语脉看，主一之"主"是专主（注）之义，只是并非专主于某一事物之上，而是专主于敬。在伊川那里，敬作为一种修身工夫，其指向内在的防邪存诚与外在容貌举止的庄整严肃，这种工夫突出畏与谨的特点。而甘泉则有所不同。"所谓主一者，心本无一物，若有一物即非一矣"，有物侵袭则是非一、则贰，贰则虚明灵动之心丧。在这种意义上，非但专主于一具体事物不可取，而且专主于中、天理、或敬同样是有问题的。在甘泉看来，那些主张专主于中、天理或敬上面的思想都是"徒知主一之谓敬，不知所谓无适之谓一……夫无适者，无所著也，夫然后谓之一。若谓主天理，即是有适，即是二矣。盖此心无适则是一，一则天理在其中矣。"③

---

① 《答邓君恪昣》，《泉翁大全集》卷9。

② 《伊川先生语一》，《河南程氏遗书》卷15。

③ 《金台答问录》，《泉翁大全集》卷77。

无论何种情形，心体都是“有适”而拘泥其上，变成一种可被物化的实体。另一方面，主一所指向的实则是一种心体澄然无欲的状态，这是心体虚的一面；但是，当心体澄然无欲的时候，则天理自然而然得以呈露，这时心体又非空荡而是有所主宰的。弟子谢显所讲可为此注脚：“师尊所以每每拈出‘执事敬’示人，却甚精切，且曰：‘主一之谓敬，无适之谓一。’无适者，无物也，惟无物故能主一，主一则本体澄定，体物无遗，自一念存存，以至游息酬酢，不惟不为外物牵累，抑皆以涵养吾本体，而坚定吾之志趣耳。”[①]在甘泉这里，“主一之谓敬”的“敬”指向的是心体的本然状态，我们甚至可以称之为“敬体”，他又以“至敬”来称述这种敬体：“杨生曰：‘心何为而可尽？’甘泉子曰：‘其敬乎！至敬无累，明鉴无蔽。’”[②]甘泉这里所讲的两个敬字涵义有所不同：前一个当是指工夫，即执事敬工夫，而后面的敬则无疑是指心体，所以在甘泉那里，“敬”始终贯穿着体与用，事实上与心体的涵养相关联，敬作为工夫是由其道德本心直接发出来的。

心体无蔽的状态即是其与天地万物不容已的一体状态，因此这个敬体是性体，也即是仁体。因此，在湛甘泉那里，敬是一个即本体即工夫的概念，此在甘泉所作之《心性图》中可直观看出。正因为甘泉所讲之敬体即天地万物一体之仁体，故此与伊川、朱子有所不同，甘泉的主一之义多偏向于自然洒脱的一面，这与陈白沙的教导自然分不开，所谓“无累”“无蔽”是矣。从修身工夫的层面看，则伊川所讲敬之工夫多从防邪与容貌动作之肃严开始，向内而使心处于一种敬谨的状态，所以他会有“严肃，则心便一，一则自是无非僻之奸”的说

---

① 《新泉问辩续录》，《泉翁大全集》卷73。

② 《樵语》，《泉翁大全集》卷1。

法；而甘泉的思路则与此有所不同：“内主乎敬，则整齐严肃见于外矣。外不整齐严肃，殆其心未之敬耳。”[①]甘泉的思路是存心则自然邪退，容貌动作自然整齐肃严合乎中道，由内而外、一以贯之，而存心工夫又在于执事敬：

> 其来札中间节目难以尽答，敬疏于别纸，聪明裁之。观来问多觉后语，先师白沙先生云：才觉退便是进也，才觉病便是药也。及孝弟敦本之意，甚好。由此扩而充之，仁义不可胜用矣。其不能不夺于书册山水，亦玩经典之心，凡以心不恒存存故也，外物入之矣。盖心存则有主，有主则物不入，不入则血气矜忿窒碍之病皆不为之害矣。大抵至紧要处在执事敬一句，若能于此得力，如树根着土，则风雨雷霆莫非发生。此心有主，则书册山水酬酢，皆吾致力涵养之地，而血气矜忿窒碍，久将自消融矣。[②]

心存便是执事敬，则血气矜忿窒碍，久将自消融。至于具体如何做敬的工夫，甘泉则用勿忘勿助进行说明：“勿忘勿助元只是说一个敬字，先儒未尝发出，所以不堕于忘，则堕于助，忘助皆非心之本体也。此是圣贤心学最精密处，不容一毫人力。故先师石翁又发出自然之说，至矣。……盖勿忘勿助之间，只是中正处也。……盖圣学只此一个路头，更无别个路头，若寻别个路头，则终枉了一生也。先儒多未说坐此苦。”[③]存心工夫就是要在勿忘勿助之间去随处察见天理，而存养为我所有，这样心事（物）、内外便自然合一。在这种意义上，勿忘勿助就是存心工夫，并不是在勿忘勿助之外别寻个存心工夫。

---

① 《雍语》，《泉翁大全集》卷6。

② 《答太常博士陈惟浚六条》，《泉翁大全集》卷8。

③ 《答聂文蔚侍御五条》，《泉翁大全集》卷9。

三、以自然为宗旨　以无言默识为工夫

嘉靖十六年（1537），由于惧怕私学的传播和盛行会对官方正统学说造成冲击，进而影响朝廷的管控、统治，对民间传播心学的大量书院进行改毁，禁止讲学活动。湛若水是当时民间讲学活动的积极倡导者和推行者，其一生足迹所至之处必建书院以祀白沙。这一次政治运动对甘泉的打击无疑是巨大的，其门庭也日渐冷落，在给师友的书信中其心灰意冷之情绪常常不经意地流露；加之，他太过勤于著述，而被师友批评其为学太过多言、并未下笃实的工夫。在这种情况下，湛甘泉更加渴望嘉靖皇帝能早点批准他致仕还乡，回归山林，在其间放空自己的身心。与此相应地，在学问宗旨上，他特地又将白沙以自然为宗的教法重新进行阐发，而在修身工夫上则更加侧重讲无言默识的工夫。

（一）自然宗旨

湛甘泉晚年致仕以后，寓乐于山水之间，其由南京回岭南途中赋有多首诗作以表明其泛滥于江湖山林之志，其诗曰："我如笼中鸟，促促三十年；非无啄玉粒，所性有不存。一朝主开笼，万里快孤骞；脉脉念故林，遥遥访名山。托身贵得所，终结三珠缘。"[①]相应地，其讲学形式也更加重视所谓的"游息之学"，而其工夫主张也更加侧重于无言默识之教。这两者背后蕴含着极强的"自然"面向，不过，自然宗旨并非甘泉此时才重视。事实上，自从白沙向其授此自然机宜开始，甘泉的思想便从未离开此点。所以，晚年对自然宗旨的重视并不能算是一种"回归"。我们先看甘泉八十三高龄时所作之《陈子至言序》：

---

① 《归去纪行录》，《泉翁大全集》卷85。

甘泉子曰：夫至言何为者也？言之至者也。辑白沙陈先生之言之至而为之，以示人约者也。……曰："非敢为大也，道一也。夫道一而已矣，何其大？天一而已矣，气一而已矣，人一而已矣，庶民于帝，其自然一而已矣。白沙先生自然之学与天一也，奚其大？"或曰："子之言自然，是吾之惑滋甚！夫然则老庄先得之矣！"曰："老庄，人为之私也，奚其自然？子谓天地之德，日月之明，四时之序，鬼神之幽，于帝之训，非自然乎？先生之言不用安排，非自然乎？昔者横渠张子曰：'人知道为自然，而不知自然之体。'明道程子曰：'用智则不能以明觉为自然。'又曰：'必有事焉而勿正心，勿忘勿助长，元无丝毫人力。'夫无人力者，自然之学也。皆灼见夫至道者也，奚其惑？是故君子能见自然之体而自得之，是亦至人已耳。言发乎自然，浑乎与天无作，是亦至言已耳。"遂谓九山汤子暨宝潭钟子诸子曰："君等深知乎石翁自然之学之言乎？吾将与子相勉乎至人之道，入至言之训，默而成之，以归于无言，然后为至学也。孔子曰：'予欲无言，四时行焉，百物生焉，天何言哉！'夫无言者，教之至也。"作至言序戊申正月[①]

甘泉这里的"自然"是从孔子"四时行焉、百物生焉"来讲的，这个"自然"背后是道体的流行充塞，并非只是一种气机的流动。而甘泉认为老庄所讲的自然并不是这样，因为他们的自然只是气层面之气机流动，而没有一个理的面向。这是甘泉对老庄道家的一贯看法。在这种意义上，甘泉甚至认为老庄根本就不懂得"自然"："老庄，人为之私也，奚其自然？"老庄之流只知为自然，而不知自然之体。自

① 《陈子至言序》，《甘泉先生续编大全》卷1。

然之体，其实就是道体的充塞流行，这是儒家所讲的自然，既不需要人力安排，但又不是盲目的，而是有其内在的秩序。

另一方面，甘泉所讲的自然还突出工夫上的不着丝毫人力，他认为白沙的宗旨是从明道明觉自然之说、无丝毫人力之说而来，明道之说又是从孟子勿忘勿助之说而来，而孟子之说又来自孔子无意必固我之教。这种工夫上的自然而然，无丝毫人力安排，在《自然堂铭》中有更好的说明："化者自化，生者自生，色者自色，形者自形。自动自植，自飞自潜。鸢自戾天，鱼自跃渊，不犯手段，是谓自然。是何以然？莫知其然。其然莫知，人孰与之？孰其主张？孰其纲维？孰商量之？孰安排之？天地人物，神之所为。曰神所为，何以思惟？吾何以握其机？勿忘勿助，无为而为，有事于斯。"①前半部分还是从道体的角度来讲自然，后半部分则是从工夫来讲。自然的工夫是在勿忘勿助之间无为而无不为，这样便能掌握得"天机"。这是一种很高的本体工夫，也是我们下文会讲的默识工夫，直接识取、体贴自然充塞、流行的道体。以上是我们对自然之旨的简单梳理，它只是作为一个背景或者基础，让我们能更好地理解甘泉晚年所主张的游息之学与默识工夫。

（二）游息之学

晚年的湛若水更加重视讲学、修习于山水之间，故其常常与学生相约游罗浮山与南岳衡山，并在游览中随机指点教学。甘泉将学习的类型区分为闲居之学与游息之学，而认为后者对于人的心性修养更为重要："古之言学者，有居学焉，有游息焉，然而居学不若游息之得于心之深也。……游焉息焉，乐发于山水之间，而不在于山水。"②"游

① 《自然堂铭》，《泉翁大全集》卷33。

② 《罗浮诸胜嘉会诗序》，《甘泉先生续编大全》卷1。

息”一词较早可见之《淮南子·要略》中：“言道而不言事，则无以与世浮沉；言事而不言道，则无以与化游息”，其义一般理解为与造化同行同止。但是，甘泉所讲的游息之学则是来自儒家的传统，是从《学记》中所谓“君子之于学也，藏焉，修焉，息焉，游焉”的讲法而来。这个传统其实也就是所谓“伏羲氏仰则观象于天，俯则观法于地，观鸟兽之文。仲尼上律天时，下袭水土，盖学于天地文物也。”[①]这里的“息”是“止息”，也引申为休息、休憩之意。可以说，所谓的游息之学，便是要在山水之间、天地万物之中使自己的精神生命得到安顿（休憩），而与自然之道合为一体。

游息之学所重者并不在于山水之奇伟瑰丽，而是一种内在本心的自得，它是通过学于天地万物而达到一种与天地万物一体相通相遂的超越：“惟吾耳目之所得，精神之所通，而未始有穷焉。由是以往，殆将与夫造物者游于无极，则夫天地之间，高深上下之妙，莫非吾之所有，而与之相为无穷也。”[②]这是所谓的“万物我同体，天地我同流”[③]。这种状态湛甘泉又称之为“天游”：“天游者，与道同流，天地万物同体。勿忘勿助之间，无在无不在之妙，不疾不徐，浑与道俱。所过者化，所存者神；化故不滞，神故不测；无入而不自得。”[④]

与道同流，与天地万物同体之“游”已经不是一种日常生活中的“游玩”，而是一种本体意义上的“游”，它是一种一体或同体意义上的“游”。这种超越自身有限性而与天地万物为一体的自得之乐并不是康德《判断力批判》中所讲的因为震撼于宇宙之浩瀚、大自然山水之岿巍秀丽而产生的一种崇高感所生起的内心愉悦，一种审美意义

① 《云侣诗序》，《泉翁大全集》卷18。

② 《游西樵记》，《泉翁大全集》卷26。

③ 《归去纪行录》，《泉翁大全集》卷85。

④ 《送谢子振卿游南岳序》，《甘泉先生续编大全》卷1。

上的超越，而是一种基于人内在的道德善性的完满与升华，而使得心理与身体得到极大的满足感，精神境界处于一种极融洽的自适之中。当然，湛甘泉对于这种体会也并不是一开始就有的。

弘治九年（1496）与李世卿等人游罗浮登飞云顶，流连于罗浮山，后致信白沙表明这种难以按捺的快乐。但是甘泉当时初入白沙门下，于心学要义尚无真切体会，只被山水之秀丽所牵引，其所体验到的快乐只是一种易于流逝的感官快乐。后来，陈白沙特意回信借此予以指点："飞云之高几千仞，未若立本于空中，与此山平；置足其颠，若履平地，四顾脱然，尤为奇绝。此其人内忘其心，外忘其形，其气浩然，物莫能干，神游八极，未足言也。承罗浮之游甚乐，第恐心有所往，情随境迁，则此乐亦未免俗乐耳。"[①]因此，游息之间皆是本心涵养之地，只在以山水觉醒吾之本心。也就是在游于山水间始终挺立本心，提撕本心，使本心不情随境迁，否则本心便流而不止，最终吾心之天理丧失掉。这是湛若水在讲学过程中时常提点弟子的。

游息之学就是要学于天地之间，它非常注重于就近取譬、随机指点，下面仅就以《罗浮游学记》为例对这种教学形式进行分析疏解：

嘉靖乙卯春正月十有七日，甘泉翁于时九十矣，与郭子平川子、叔辉钟子、勉衷霍子，□□得四、黄于梧、族孙汝潮，既定罗浮之舟，泉翁蘧然语曰："诸子好游乎？吾语子游。"曰："游何如？"曰："游焉息焉，莫非学也。"乃启天关之扃，度东关之梁，发太平之洲，宾日而东，逆潮而行。情与景融，兴发于中。客有歌者曰："桂浆兮兰舟，击空明兮中流。"翁曰："小子听之，宜学流之中矣。"徘徊乎猎德之涯，曰："诸子识之，其

① 陈献章：《与湛民泽（四）》，《陈献章集》，第190页。

学自猎自德乎！非由外猎获也。”过石冈之涌，观鳌鱼抢宝之石焉。曰：“石则美矣，惜也不在大都之岸，不为达官大人之所宝□。”翁叹曰：“世之不遇，独此石也哉？”又曰：“此石虽不幸不为达官大人之所宝，亦幸而不为匠氏之所凿。其全真远害，中立矣乎！吾以学其中立不倚。”客有遥望白云之巅，指曰：“此非翁之书院乎？九龙之泉□□兮！观生之堂翼翼兮！”曰：“吾以学观我生矣。”遵黄湾之曲，出扶胥之口，望虎头之门，诵浴日之章。曰：“手抱阳和，散入万壑，其石翁用世之志乎！”江湖廊庙之忠，诸子识之。过鹿步之□，越南冈之头，曰：“此群盗白日劫人渊薮，其戒心之存乎！”逾西东二洲，望甘泉山院，登江门钓台，咏石翁分付之诗。曰：“请闻焉。”曰：“金针以言心也，风月以言道也。金针人人固有，风月处处同然，心法可以传，痴前难以说梦。”遂抵沙堤。未及本宅，平川子速予舆，谒诸祠，同憩方山草亭。入大观楼，饭既，宿焉。厥明为月十八日黎明，复罗浮之舟。申刻，过龙头书院，返而解缆宵征焉。至铜锣湾，舟胶。厥明十九日，鸡鸣，乃登源头。吾与六人者，各乘肩舆，由独树庄黄龙下院，遂登黄龙洞，入天华精舍，视行窝，行释菜礼于四贤祠。其祝曰：“一者无欲，未发求中。澄心体认，自然混融。”言四贤一道，复此浑沦也。学者观其辞焉，思过半矣。学无欲，道自足；学求中，达道同；学澄心，天理森；学自然，机同天。诸贤其志之！于是观王敬所少参题壁之句“水月之精”。曰：“诸子其学诸水月乎？千江有水千江月，亦不以废也。”卓午，下观水帘之洞，因览梅花之庄。晚入食于冲虚观，薄暮，过朱明，入青霞书院宿焉。夜分，吹灯作诗云：“罗浮起平地，游者如登天。夫我异于是，如履庭除间。问之何能尔？心近地自便。作意关山阻，信脚云霞穿。自兹凌绝顶，上有无穷门。寄语诣道者，亦复如是观。”厥明为廿日，以粒将绝而下山焉。则见阴云蔽日，雷雨洊作，游人沾湿。仆夫告痛，纳于大麓。吾以学不迷，夫不迷，非不迷于途，不迷于心也。不迷其心，故迅雷风烈，震惊百里，明晦万变，代乎吾前，而吾固自若也。未刻，食于源头精舍，乃登舟，顺流而归。时则二鼓矣。夫罗浮如在天上，吾日往日来，如有神焉，所谓如履庭除间者非耶？而飞云之顶未到，数也，岂天留之以思无穷耶？亦数也。夫此道平铺，无处无学。不贤者学其小者，贤者学其大者。鸢鱼上下之察，川上逝者之感，夫子焉不学？上律天时，下袭水土，至矣。上天之载，无声无臭，莫非学焉。吾以学乎天地，作罗浮游学记。①

《罗浮游学记》是嘉靖三十四年（1555），湛若水年九十岁，由穗之天关出发，与诸生同游罗浮山所作。这里所以不嫌其烦，将整篇《学记》抄录如上，实在是所谓的“学于天地万物”思想在这篇文字中体现得淋漓尽致，就途中所见所经历者而指点学生为学。途中，由“桂浆兮兰舟，击空明兮中流”而指点学生学“流之中者”；由“猎德之涯”而言及学问应是“自猎自得”，非由外获；而遇未得见用之美石，则指点学生学习石之中立不倚；等等。登罗浮，入天华精舍祭拜四先生，以祭拜之祝词“一者无欲，未发求中，澄心体认，自然混融”启发学生：所谓“学无欲，道自足；学求中，达道同；学澄心，天理森；学自然，机同天”。观王敬所壁上所题“水月之精”四字，而以佛偈“千江有水千江月”告诸生，讲明“人皆可为尧舜”之内在根底在每个人内在自具、自有之善性。归途遇雷雨，避雨之间，湛若水讲学“不迷”二字，谓“不迷，非不迷于途，不迷于心也。不

① 《罗浮游学记》，《甘泉先生续编大全》卷6。

迷其心，故迅雷风烈，震惊百里，明晦万变，代乎吾前，而吾固自若也。”

（三）无言之教与默识工夫

湛甘泉晚年极重视无言之教与默识工夫。无言，是从孔子“予欲无言”和颜子“不违如愚”的传统而来；而默识则是从明道识仁、延平道南一脉等默坐澄心的传统而来。其实二者关系密切，甘泉亦常常将二者对举来讲：

> 吾近年深体无言之教，盖学不在多言，多言，道之贼也，顾力行何如耳。所谓力行者，默坐澄心，天理自见也。夫子曰：“予欲无言，四时行焉，百物生焉，天何言哉！”《易》曰：“默而成之，不言而信，存乎德行。”德行者，力行之谓也。故不言者，孔门之本教也，其不能不言者，不得已也。故言之入也浅，无言之入也深。故予今不能一一答诸贤，而总以一言奉答者，亦不得已也。诸贤其求予于意，而勿求予于言可也。丁未十二月[1]

默坐澄心即默识，也就是讲无言之教当通过默识这一工夫得以实现。这里甘泉将无言之教置于孔门本教之地位，所谓“无言者，教之至也”[2]，这便将无言默识的工夫视为根本的法门。言者，心之神也，多言乃伤其气，而气则以动志，妨碍修身工夫，甚至伤害人的健康。[3]当甘泉晚年身体精力不如从前，而寡言、无言则对其养身工夫有直接的帮助，故以无言之教作为其晚年的工夫法门便是自然而然的选择。

① 《答三山诸同志》，《甘泉先生续编大全》卷8。

② 《陈子知言序》，《甘泉先生续编大全》卷1。

③ 《奠杨士鸣文》，《泉翁大全集》卷57。

不过，这并不是甘泉以无言之教为至教的根本原因，其原因在于所谓“天道默运化，百物自生焉”[1]：

无言者，圣人之至教也。何以为至教也？语道体也。言之感人也浅，心之感人也深，是故圣人以默教，学者以默识，圣人无言之教所以体天也。天不言，而四时百物无非教也，天心之形见者也。吾无行而不与，无非心也，圣人之形见者也。故无言之教，圣人实言也，以为假托者，非也。[2]

天地不言，而四时百物皆是教法。这是盈天地间皆是道体之流行。日月往来、山川流峙、四时运行、万物生化这些自然现象皆是道体流行之呈现，可是它们并不是以言语的形式呈现，而是以其往来、流峙、运行、生化为其形式：既然道体之流行并不需要言辞予以呈现，因此借助言辞也不能很好的察识道体，而是应该通过本心之涵养去默识道体。这种默教与默识，它所强调的是为学者的自修自得。

此外，甘泉还将无言之教与静坐（所谓默坐澄心）联系起来讲：“观善堂中院长居，澄心中夜坐诸儒。试看坐到忘言处，定有文章耀八区。”[3]静坐可以说是甘泉晚年修习的重要方法。屈大均将甘泉致仕后的修养工夫概括为“端坐”二字，可谓得当：“甘泉翁年七十有五，始得致仕。……归至罗浮，日夕端坐石上，未尝至家。”[4]其时常有定时闭关静修的习惯，如其言“于烟霞楼城上作左右两轩，常闭关处其

① 《止诗篇》，《甘泉先生续编大全》卷17。
② 《湛子约言》卷10，《甘泉先生续编大全》卷30。
③ 《寄观善堂院长张春冈及诸生》，《甘泉先生续编大全》卷20。
④ 屈大均：《广东新语》卷10。

上，三五日一开关，有客亦必待此日乃见也，否则不见矣。”[①]不过我们应当注意，对甘泉来讲，静坐不只是作为一种修炼身心的辅助方法，也是一种能够直接洞悟到心性本体的根本法门。

至于静坐这一种修身方法其背后的本体论根据，湛若水在与学生冼少汾的书信中明确指出：“程子见人静坐，便叹其善学，不翕聚则不能发散，不专一则不能直遂，天地之道且然，而况于人乎！水只在楼垣上小朱明、朱陵两轩静坐，每出则与九山弟对坐，亦每戒杂言，默坐澄心而天地自见耳。”[②]“不翕聚则不能发散，不专一则不能直遂”是其从天地之道的观感中为其静坐寻找一个本体根据，这与陈白沙“静中养出端倪”是一致的。另外，我们也可以从上文看到晚年甘泉专辟朱明、朱陵为其静坐修习的场所，晚年湛若水对静坐的重视在以往并没有得到相应的重视。

静坐作为一种修身的方法，它对修身的时间与场所有一定的要求。对于修习的时间，甘泉大概有两种说法：一种是终日静坐。屈大均所讲的“日夕端坐”便是此意。第二种则是中夜以坐。反映这一点的诗作很多，这里只检举两例说明：

朱明夜坐久雨喜见月色[③]

山月圆明照八方，祇应云雨蔽清光。拥衾独倚朱明坐，中夜蟾光已到床。

小朱明洞榻上作示诸生[④]

大科入霞汉，幽栖凌其巅。独立群物表，四顾何洒然！楼居

① 《付男東之家书》，《甘泉先生续编大全》卷7。

② 《与冼少汾秋官》，《甘泉先生续编大全》卷8。

③ 《朱明夜坐久雨喜见月色》，《甘泉先生续编大全》卷19。

④ 《小朱明洞榻上作示诸生》，《甘泉先生续编大全》卷17。

在云外，床敷在楼垣。夜半风雨作，殷雷起山根。衰翁正兀坐，观我不见身。

这两首诗指出静坐的时间在“中夜”“夜半”，选择这个时段修习静坐与孟子所讲的“夜气”关系密切。这一点在前面讲丁巳之悟时已有提及。但是这两首诗不只反映静坐的时间，还蕴含着静坐的场所与具体的做法。静坐的场所很明确，就是在朱明洞，也就是石洞。选择石洞静坐可能是受到道教影响，例如王重阳曾造活死人墓（石棺）进行修习。古人认为石洞乃集天地灵气而成，所以在石洞中静坐更容易洞察天地之造化，而使修习者体贴到天地万物一体之生意。

此外，诗中还蕴含着静坐的坐法和观法。所谓“兀坐”是对坐法的说明，而“观我”则是对观法的说明，涉及所观的对象。“兀坐”即危坐、端坐之意。所谓“端”者，笔直、不曲斜之意，是指身体的躯干保持笔直的状态，这是对坐姿的要求。但是，湛若水所讲的“兀坐”重点并不在于外在的姿势，而在于强调静坐时本心所处的状态。所谓“危”者有战战兢兢之意，它指示静坐时本心应当始终处于一种高度紧张、收摄的状态，不能有所走失，这是一种“敬”的状态。而静坐之观法，所谓“观我”之“我”乃是“我心”之省略，尾随其后之“身”正与之相对。所以，这里的“观我”即是“观本心”，它的方向是内向的。

本心并不像物象、鼻端，或者流动的鼻息，观者可以通过身体的感官“捕捉”它们，这种“观”往往是强力的硬把捉，难逃人为的刻意安排。另一方面，对本心之内观也不是一个将自我意识转化为一种内意识的过程，因为本心原本就不是一个可以被对象化的对象。对本心的内观实际上也就是宋儒所讲的“观未发前气象”，未发前的状态就是一个“中思”的状态。湛若水很重视“中思”这一概念，其五十八岁居樵之时给黄佐的书信便已提出，当时它只表达一种不出位之思：所谓“中思”：“毋前尔思，毋后尔思，毋左尔思，毋右尔思，故曰‘中’。中思也者，中心也。故曰：‘中心无为，以守至正。’至正，无邪思也。若夫左右前后而思焉，出位耳矣，恶能勿邪？故中则正矣，中正一以贯之，而圣学备矣。”[①]这时候中思还没有与静坐发生关系，但是，晚年湛若水却常常将这一概念与静坐的方法联系起来，用以描述静坐时的状态。

鸡鸣一章示诸生[②]

鸡鸣起为善，拥衾坐中思。乘此夜气生，丕显亦无为。汤周云待旦，待之乃何施？不待以不先，从心任化机。

再拈六言代简蒋道林未尽之意三首（其三）[③]

坐忘不忘之间，中思直到天然。问我天然何似？人力丝毫不存。

对本心的观感尽管是一种独特的修身体验，但它并不是一个神秘的过程，我们可以通过中思与静坐之间的关系进一步揭示这种体验。我们知道，对本心的内观就是修习者在静坐时对“中思”这一状态进行观感，其实也就是观所谓的“未发之中”。这种“观”并不是以“中思”或者“未发之中”为所观的对象，而是强调这种“观”所处的状态，这种状态是一种“无在无不在”的状态。在这个意义上，对本心之内观就是上诗所讲的这种所谓的“坐忘不忘之间”之“观”。“坐忘”是《庄子·大宗师》中的重要概念：“堕肢体，黜聪明，离

① 《赠别黄太史序》，《泉翁大全集》卷18。

② 《鸡鸣一章示诸生》，《甘泉先生续编大全》卷17。

③ 《再拈六言代简蒋道林未尽之意三首》（其三），《甘泉先生续编大全》卷24。

形去知，同于大通，此谓坐忘。”郭象对此的注解是：“夫坐忘者，奚所不忘哉？即忘其迹，又忘其所以迹者，内不觉其一身，外不识有天地，然后旷然与变化为体而无不通也。”依着庄子本意以及郭象的解释，道家意义上的“坐忘”是通过对形体与智慧的消解而达到一种与天地相通的状态，它是一种负面的工夫。

初看起来，道家的这种“坐忘”工夫所达到的似乎与儒家所讲的天地万物一体是一致的。可是，细究之下又有所不同，因为道家是通过“忘身”，也就是对身体的消解而达成这种状态，因此，儒家所认为的作为天地万物主宰的吾身心本体也在这一消解中消失。在这种意义上，湛甘泉对坐忘的理解并不同于道家。因为在他看来，身体并不完全是修道过程中负面的因素，所以修习并非要去消解身体，而毋宁是要转化身体，从而挺立吾身心的本体地位。尽管很多时候修习者未能产生与天地万物一体的高峰体验，是与其身体所造成的区隔或限制有关，但是拥有这种高峰体验的经历者往往又是因为成功转化了身体的这种限制，因为身体是天地之气与本心之间的通道。在这种意义上，“坐忘”在甘泉那里依然是一种积极的工夫。

除了内观法之外，在湛若水这里，静坐还有所谓的外观法，这其实是所谓的观天地生物气象。从广义上来讲，观天地生意并不仅限于静坐。湛若水提倡在山水之间随机指点教学，也是基于对生意的观感。另一方面，甘泉的这种外观法与其所讲的存息工夫密切相关：

> 夫息存箴何为者也？明心也。夫序何为者也？明箴也。叙以明箴，箴以明心，而圣学尽之矣矣。圣人之学，心学也。夫盈天下之间之人之息，一也，则盈天下之间之人之存宜一也，而有不一者何？弗觉耳矣。弗觉则无息而或存，觉则一息一存，一呼一吸，一出一入，通天地以为息，浑然与万物同体矣。太公普，

仁体明，而圣学备矣。息息存存，道义之门，是故存乎觉。作叙箴，周生学心等请书而刻诸云谷书院息存之堂，以觉来裔云。

人心之神，俨乎天君，胡不守尔宅，而逐逐奔奔，形与神离？他乡莫知，出入无时，伊谁之为？匪出匪入，匪忘则执，窒尔天窍，而不顺天之则。匪鼻端之白，匪周天之息，息与天通，与天无极，而存之乎呼吸。一息之呼，吾气通天，与天同舒，草木蕃敷。一息之吸，天气通吾，与吾同翕，龙蛇藏蛰。靡吾靡天，通为一体，形分气牿，皮肤汝尔。一息一念，一念一天，是谓息存，与天浑然，是谓息至。自息至刻，至时至日，日至月至，三月不违。过此非我，天行无为。①

存息与上文所讲的观鼻息不同，这个区别倒不是在于“息”。在某种意义上，存息所存之息也就是鼻端之息，因为鼻端之一呼一吸其实也是天地之一翕一辟。这个“息”是一个天地之息。而存息与观鼻息的方法的区别在于观鼻息的方法是要修习者找到一个精神或意识集中之点，从而帮助修习者心烦意乱之情绪逐渐稳定下来，它已经将鼻息物化，这是一种不自然的硬把捉；而存息则是要求修习者直接于天地之一翕一辟与人之一呼一吸之间，通过二者的交融、涌动而察识、体贴天地间一体的生机、生意，把这一翕一辟、一呼一吸之间所呈现出来的生意存养、转化为自身所有。两者的区别最根本是在于“自然”二字，也就是是否在勿忘勿助、无在无不在之间去存养这天地之息。

当然，任何他者的“专业”疏解，也代替不了读者与原典面对面，以自己生命场域为基点的体贴式阅读。湛氏之精言要义于今人阅读，不免若如佛偈般艰涩，而又不似西哲居于理论体系之严密系统。

① 《湛子约言》卷3，《甘泉先生续编大全》卷29。

心学乃是儒学应合时势的发展产物，是经由当时世人倾注心血、论争的学问工夫，可窥得彼世风俗庸常。我们今天选读湛若水，不唯求全其旨，于文字琢磨有所悟，于湛氏文径思踪有所借鉴，方便当下更无惑的生活，心体澄澈，就算是阅读目的之达成。

语录

樵语

性[1]也者，其天地之生生者乎！其于人心也，为生理[2]。道也者，其生生之中正者乎！其于生理也，为中和[3]。夫中正者，天之道也；中和者，人之道也。反是则辟焉戾焉[4]，不足以为道，君子不道焉。

注释

［1］性：人或物禀得于天，而先天具有的禀性或（衍生为）能力。 ［2］生理：生生不息的天理。 ［3］中和：《中庸》中的重要概念，“喜怒哀乐之未发，谓之中；发而皆中节，谓之和。……致中和，天地位焉，万物育焉。”这里指一种中正和顺的状态。 ［4］辟，通“僻”，僻戾，性情偏颇乖张。

今译

“性”是我们从天地间生生不息中所禀受的先天能力。这种能力在人心中呈现为生生不息的天理。我们所讲的“道”，正是天地生生不息的中正之道。对于人心来讲，这种“中正”表现为我们所生发的情感始终处于一种中正和顺的状态。所以，中正是天之道，中和是人之道。一旦违反它，我们情感的表达就会有所偏颇乖张，不能够作为我们处世的方法。君子不会做这样的事情。

评议

“性”是中国哲学一个重要的概念，所谓“生之谓性”。它是讲人与物先天所禀受的能力。孔子曾讲“性相近，习相远”——人的性情大抵相近，不同的是后天的教养。儒家非常重视性情，将其列为重要的教学内容。《论语》首章讲“人不知而不愠”，别人不知道自己的德行也不会有任何的怨怒，这是君子的表现；颜回的“在陋巷，一箪食一瓢饮……回也不改其乐”，与“不迁怒，不贰过”，也成为宋明儒学讨论的重要话头。

先秦时期的“性”主要是从经验层面讲人禀受的性状，所以它也有不善的可能。例如荀子所讲的“化性而起伪”，就确认了人性的价值是后天的社会礼俗、人为规定的一种社会化结果。及至宋明儒，则将“性”从经验世界的具体情状中剥离其内容，而从本体上予以确认，认为现实生活世界中的道德价值与道德行动，其根源都在于先天所禀受的能力。这种能力并不是现成的，而是一种潜能，它需要通过后天的培育才能导引出来。湛若水便是持守这一种观点，这是其工夫论最终所要实现的成德之教。

在这一条目中，湛若水的诠释主要集中在“生生”这两个字上，并且指认人心的中正之处为生生不息的天理呈现。在宋儒朱熹的义理系统中，天理的涵义主要侧重一种规范性和秩序感。清代学者戴震针对“存天理灭人欲”，批评宋儒以理杀人，便是针对朱熹天理观嬗变而成为极度僵化、禁锢思想自由的教条。湛若水也对朱熹的观点持批评态度，称其所讲的天理是一个“硬”理，不是一个“活”理。生生不息，对天理的这种规定，应取《易经》的至诚不息之意，即是从天地之间一气的流行运化处，针对天理原本具有的秩序和条理义，增加了一个流动变易的向度。此外，湛若水也继承《中庸》的思想传统：喜怒哀乐未发谓之中，发而皆中节谓之和，以未发为性，以已发为情。不过，湛若水于中和之中，尤重一个“正”字，即强调其不偏不倚的正道。在湛若水自己的义理系统中，最开始他从心之“中”来确认天理，到西樵山布道讲学，纠学界当时象山学热的弊病，力倡合一之学，认为偏于外是支离，偏于内也是支离。从这个时候开始，他就有意识地用“中正”来规定本心、天理、性情等的本然状态。

一呼一吸，生生之理。生理根于中，呼吸感应乎内外。皆天之气，下根乎上，上根乎下，下根上根，万物一体[1]。消息升降盈虚之间，有不得已焉。彼隔以皮肤，昧者不察，因以起私[2]尔矣。

注释

［1］体：身体、躯体。在宋明理学中，“体”字开始成为一个本体层面的概念，它用来表示人伦日用间种种经验现象背后的根据或依据。一体，这里指天地万物是一个不可分割的有机整体。［2］私：意必固我的私欲。

今译

人的一呼一吸之间，正是生生不息的天理雀跃。生生不息的天理根源于本心的中正，我们的呼吸因应内外而感动。我们的呼吸之气，都是天地之气。呼吸之气以天地之气为根，而天地之气也以呼吸之气为根，这样天地万物便浑然成了一个不容分割的有机整体。在天地之气与人呼吸之气的盛衰、升降、盈亏之间，它们自然而然混成一体。那些因为人的体肤而将自己与天地万物区隔开来，或者内心蒙昧而不能体察这种一体状态的人，都是因为他们起了私心杂意的念头。

有以宇宙为大而本心为近者。甘泉子曰："乌乎二？大包乎近矣，近囿[1]乎大矣，是故允哲[2]乎此而后能合一。今夫存乎人之身者，四肢与心均一体也，岂以心为近乎？四肢为大乎？故心痛则四肢皆病矣；四肢痛，则心亦病矣。无尺寸之肤不知，无尺寸之肤不爱也。无尺寸之肤不爱，则亦无尺寸之肤不养也。故手足痿痹[3]皆谓之不仁。"

注释

[1] 囿：局限，被限制。 [2] 允哲：聪明睿智。 [3] 痿痹：肢体萎缩麻痹不能动，后喻指对事物漠不关心。

今译

有人认为宇宙浩瀚，距离我们很遥远，只有本心才跟我们切近。甘泉子说："宇宙和我们的本心又怎么会是两种不同的东西呢？浩瀚宇宙包容我们的本心，而本心又规限在宇宙之中，只有聪明睿智的人才能体认，真正与天地万物融为一体。在我们身体中，四肢与本心就是一个有机整体。我们难道会以心近、肢大来作区分，认为它们是两个没有关联的东西吗？所以，当本心有病痛时，我们的四肢也会有痛感，反过来也是如此。我们不会不去认识自己的体肤，不会不去爱惜自己的体肤，所以也不会不去保养自己的体肤。因此，当我们的手脚麻痹没有知觉，也被称作不仁。”

评议

这一个条目从“一体”的角度讲本心与宇宙的关系。宇宙浩瀚，星辰无边，这是一个客观的存在世界。与宇宙的浩瀚相比，人心只是一个渺小的精灵，它所指向的是一个价值秩序的世界。例如，花开花落是客观的世界，而“感时花溅泪”才是赋予花以价值，使之与故国的遭际联系起来。“落红本是无情物”，客观的存在世界与价值世界如何能够成为一个“一体”的世界呢？湛若水的解决方案不是去推演背后的逻辑关联，而是通过一种想象的比拟，也就是《论语》所讲的“就近取譬”的经验方法。将宇宙与本心的关系转化为本心与自己身体之间的关系，前者必须通过想象力，后者则是有切身的体认。

本心与身体是一个整体，显然是一个不证自明的事情，否则人便死了。不过，湛若水还是通过一些常见的经验现象，比如对自己体肤的了解与爱惜，来证明它们原来就是自然而然的一体关系，这是从正面的角度予以立论；也有反证，如中医所讲的痛则不通，通则不痛。如果身体麻痹，心也就没有知觉。这个论证是否有力？湛若水所面对的不是一个物理实在世界，它并不是遵从客观规律性与因果必然的要求，所以这并不是一个严格的逻辑论证。它并不是要呈现某种客观事实。他关注的是仁与不仁的问题，也就是一个道德行动或德性修养的问题。它直接与主体性相关，所以是一个价值赋予的问题。伦理生活所遵从的普遍性，并不是“没有例外”的绝对必然，它所反映的是绝大部分人的生活经验，并从中汲取普遍性的因素。在这种意义上，就近取譬所涉及的经验方法，也是行之有效的。

甘泉子曰：“大其心，然后能全体天地之性。故曰：‘尽其心者，知其性也。’心之广大也，物或蔽之，物或偏之，乌乎尽？尽也者，复其大者也，而性之全体焉见矣。今之小其心者，如掩鉴焉，一隙之明，照者几希矣。故尽心、知性、知天。明乎此，然后存养有所措，学之能事毕矣。”

今译

甘泉子说：“扩充我们的本心，然后能够体贴天地生生不息性体的全部。所以《孟子》说：‘尽其心者，知其性也。’虽然我们的本心广大，但是物欲有时会遮蔽它，有时又会使它偏离，又怎么能够体贴到性体的全体呢？‘尽心’就是要恢复心体的广大，这样性体的全体就自然会显现出来了。现在那些把心看得很狭小的人，就好像用手来遮盖镜子一样，只留下一点空隙的光明，能照耀的地方当然就很小。所以，《孟子》讲要尽心、知性、知天。只有明白这个道理，涵养心体才有恰当的方法，修学的事情才能完备。”

评议

这一条目中，湛若水以镜子来比喻心体的本然状态。镜喻是宋明理学中一个重要的譬喻，另一个是种子的比喻。镜喻所要描述的心体的本然状态有两种情形：第一种是说心体如明镜照物一般，强调它物来顺应，不着自己一点私意；第二种是说心体像澄明的镜面一样，强调它全体大明，这是描述心体的广大。这一条取后一种意思。心体本来广大光明，而为物欲所遮蔽的人，实际上是自己小看了自己的本心，就如掩盖镜面而去照物一样，只有一点点光明。这都是自己的局限。所以，为学就要在这个地方痛下整彻之志向，尽心、知性、进而知天，这样存养心体，则世间无不可为之学。

或问："知觉之与思虑也有异乎？"曰："不同，知觉者心之体也，思虑者心之用也。灵而应，明而照，通乎万变而不汩，夫然后能尽心之神。明照而无遗，灵应而无方。"

今译

有人问："知觉和思虑有不同吗？"回答说："它们是不同的。知觉是心的本体状态，思虑是本心的发用。本心灵明而能因应万物，感通于万事万物的变化而不泯灭，然后才能穷尽本心的神妙莫测。本心灵明，照应事物没有任何遗漏，感应事物不会受到任何空间的限制。"

评议

《樵语》中有很多湛若水描述心体状态的词句，我们要多加留心，明确不同概念指向的内涵，读书才有精进处。湛若水用知觉来描述心的本体状态，而用思虑来描述本心发用时的状态。从发生的角度讲，知觉属于未发的状态，这时本心保持一种虚灵明觉的状态；而思虑属于已发的状态，它是本心在应事接物过程中闪现的各种念头。知觉是本心的一种能力，它本身无所谓对或错；而思虑则有中正或偏颇的区分。当然，这一条在工夫论上是强调对心性本体进行存养，而非落在本心发出来的念虑上。

诸生进揖，甘泉子谓士德曰：“夫良知者，非外铄者乎！既不以外铄而有，亦不以外诱而亡，气习蔽之则蒙耳。故学所以发蒙以扩其良知也，不博学则不能发蒙，蒙不发则长而愚。”

今译

学生们作着揖进来，甘泉子对杨士德说：“良知，并不是从外面增益给我们的。既然不是，它也就不会因为外面的诱惑而消失，它只是受到经验世界的习气遮蔽而蒙昧而已。所以，学习是为了启发蒙昧，扩充自己的良知，不博学就不能启发蒙昧，蒙昧不被启发，长大了就会愚昧。”

仕鸣问曰：“敬之与思也，何辨？”甘泉子曰：“心之官则思，思者，心之知觉也。非敬则思或邪焉。敬也者，思之规矩也，故君子慎思。”

今译

杨仕鸣问：“敬慎和思维，如何分辨？”甘泉子说：“心的官能就是思维，思维就是本心的知觉能力。如果没有敬慎，那么思维就有可能邪妄。敬慎，是思维的规矩，所以君子对思维会非常慎重。”

君卓曰：“知止，其在心之天理欤？”甘泉子曰：“莫非心也，心体物而不遗。”曰：“何谓格物？”曰：“物至而后义生，义生而后知有所措。”

今译

君卓问：“‘知止’，止的是本心的天理吗？”甘泉子说：“天地万物没有不是和本心联系在一起的，本心能体察天地万物而没有任何遗漏。”君卓又问：“什么是格物？”甘泉子说：“天地万物与本心发生感应，本心根据不同的事物，会有正确对待它们的不同方式，这样我们才能恰当安排我们应该学习的知识。”

评议

“知止”，这一概念是从《大学》三纲中“止于至善”而来。另外两纲是“明德”“亲民”，一个是内圣，另一个是外王，最终的目标就是要到达至善的境地。所以，知止之学，关键在于我们要知道自己所要到达的位置或境地究竟是什么。对于湛若水来讲，所要止之地乃是天理，而天理正是本心的中正处。故此对天理的解释就从一外在的物理而变成一内在的心理。

朱熹讲天理，他的工夫是要格物穷理，而所谓格物就是要去格一草一木的道理。他的主张被明儒认为有两个问题：一个是现实世界中的物太多了，如果要穷尽一草一木的道理，那么生有涯而学无涯，何日才是尽头；第二，即使有一天真的能穷尽这些物理，又会出现另一个问题，那就是一草一木的道理又如何能够与自己的本心之理相互贯通，毕竟它们一个是外在的，一个是内在的。如果用英国经验主义哲学家休谟的话讲，一个是自然世界之理，一个是价值世界之理，它们怎么可能贯通为一体呢？湛若水对朱熹也有此批评。但他们是否误解了朱熹的看法，不是我们辨析的重点。

不过，湛若水如此一转，又省去多少麻烦。天地万物一气贯通，心无非这一气的精灵明觉，自然在一气所编织的存在链网中，故它与天地万物自然而然联系在一起。所谓“莫非心”，不是讲天地万物从本心中生长出来，而是要讲天地万物在这一存在链网中的价值意义的呈现无不是通过我之本心呈现出来。没有我的心，谁去仰望高山的峻峭；没有我的心，谁去俯瞰渊谷的深邃；没有我的心，谁去感伤花开花落、潮涨潮落。大自然万事万物的生意发遂与敛藏，其生其死，这天然的节奏更替，没有我的心，谁去观感它们呢！

这个“心”是那颗生长在我们身上的会跳动的血肉之心。从这个角度讲，它是有形状的，有左右心房，有它所在的位置。但是，这个“心”又不只是那颗在胸腔之中的血肉之心。它亦是一颗通体大公之心，能够生天生地、成鬼成神的大心，它早就突破形体和方所的限制，而使这天地鬼神的价值意义得以朗现。理解这一点后，我们知道本心的责任何其重也，也就理解湛若水为何讲格物就是物至而义生，而致知则是义致之盛而后知有所措。因为心与天地万物是一体的！格物不是要去考察天地万物的物理，这是西方科学的路向，他们研究外部事物的物质构成、运动规律。湛若水所讲的格物是要去学习应事接物（物至）时，本心如何去对待它们。所以，天地万物不是一个客观物，而变成一个道德物，也就是道德行动。“义生”所指向的是一种恰如其当的“对待”，而恰如其当的是它们原本就应该处于的位置上。

这就是知止的工夫了。只有知道了格物为何，我们所致之知才能够有所用力或安排的地方。

善思者如井，井不迁而泉至。故思不出其位，善思者夫。

今译

善于思维的人像井一样，井不迁移而泉水涌至。所以思维不离开它的位置，这是善于思维的人。

甘泉子语杨生曰："而知博约之义乎？观蜜之采采，则知博文矣。观蜜之酿而成，则知约礼矣。今之儒者，强记而冥行，其诸异乎颜氏之子之博约矣。"或曰："博约拟诸采酿，尽矣乎？"曰："否。夫彼，外物也。若夫博之，博我也，约之，约我也。我自有之也，乌乎外？"

今译

甘泉子对杨生说："知道博文和约礼的道理吗？我们观察蜜蜂采蜜，就知道博文的道理。我们观察蜂蜜的酿成，就知道约礼的道理。现在有些学儒的人，强迫自己记忆又蒙头做事，这样的做法和颜子的博约工夫是不一样的！"有人问："将博约工夫比作蜜蜂采蜜酿蜜，其中的内涵是不是讲清楚了？"甘泉子回答说："没有。蜜蜂采蜜酿蜜，所采所酿的是外物，而我们博文，是博我们的本心，约礼，约的也是我们的本心。这是我们本心固有的，哪里需要倚借外物？”

评议

这一条湛若水用就近取譬的方法来为学生讲解博文和约礼的要义。蜜蜂四处采蜜，采众花之精蕴，此为博文，又将其所采酿之成蜜，此又为约礼。但是，这并不是颜回的博约之学，因为蜜蜂所采所酿者乃是外物——花蜜，而颜子所讲的博约之学乃是成德成圣的教法，它所扩充、所精一的乃是我们本心原来所具有的知。这里应该和“物至而后义生”及后文陆舜臣所论数条结合起来看，方能知道其所讲博约为何是本心所固有。

甘泉子叹曰：“道之不明，学之废也。先诸小学。”或曰：“迈矣，为之奈何？”甘泉子曰：“有一言可以兼之者，曰：‘执事敬。’”

今译

甘泉子叹息说：“天道不明，是因为学问之道被荒废了。应该先从小学入手恢复。”有人问：“年纪大了，应该怎么办呢？”甘泉子说：“有一个工夫可以兼补小学的工夫，就是‘执事敬。’”

评议

古代的设教有大学与小学之分。朱熹在《四书章句集注》中讲得很明白，小学的功课是教小朋友在日用伦常之间如何洒扫庭除、应事接物，不教理论，只教具体的做法，而大学的功课则是教理论知识，探寻洒扫庭除、应事接物背后所以然的根据和道理。湛若水认为工夫要从小开始做，在洒扫庭除的家务中亲情互动感发，先天工夫要在后天中去做，所以他感叹道之不明、学业之荒废，首先是在小学上。洒扫庭除的工夫在今天也是缺乏的，对小孩的教育往往重视学业或技艺方面，而忽视对人格的培养。对于错过小学教育的人来讲，湛若水认为尚有可弥补的地方，他认为是“执事敬”的工夫。也就是要在应事接物的过程中，始终保持一种敬谨的态度。

霍平易曰：“子之教人也，何学矣？”甘泉子曰：“其敬乎！汝为敬也何如？”曰：“专一。”甘泉子曰：“专一于事而迁于事也，可谓敬乎？故一则不迁，成性存存。”

今译

霍平易说：“夫子您教给我们的是什么学问？”甘泉子说：“敬谨。你认为敬谨工夫是什么？”回答说：“专注于一个事物。”甘泉子说：“专注在一个事物上，但又随着这个事物迁移，这可以算是敬谨吗？所以，专一又不迁移，才是真正的敬谨。”

评议

执事敬是《论语》中孔子教学的一个话头，它在湛若水丁母忧回西樵山讲学授徒时是一个非常重要的工夫教法和为学宗旨。在文本上，它前后尚有“居处恭”与“与人忠”两句。事实上，湛若水这里讲执事敬作为工夫话头，是兼含了居处恭和与人忠的，前者讲如何自处，后者讲如何处人，前者的工夫指向内，后者的工夫指向外。

关于“敬”的工夫，从宋儒开始，目的是为了和佛教的“静坐”工夫区别而另立“主敬”工夫。可能从具体的修习形式上，宋儒吸收了佛教的静坐方法，但是他们所要达到的心理状态，还是有所不同的。佛教的静坐法门，最终的心理状态是澄然无物、至虚至无的状态，也就是“空”的状态。而主敬所要达到的是一个高度凝练收紧的状态，非常专注于事物上面。这就是所谓的“主一”。不过，依湛若水之意，宋儒朱熹所讲的“主敬”工夫只强调对物专注的一面，因而有滞执于物上之弊端。所以他不采纳朱熹“主敬”的讲法，而直接从《论语》中来取“执事敬”。

在他看来，执事敬除了讲“主一”之外，还讲“无适”。所谓无适，就是无物，也就是不会执滞在事物上面。从意识结构上讲，湛若水认为“敬”的心理状态是保持一种高度紧张、凝练的状态，就是有一种战战兢兢、如履薄冰的感觉，将全身的精气神提取凝练在所要应对的事物上面。这个时候，意识的状态并不是封闭的，它是一个开放的系统，其他所有事物都可以进入“敬”所建构的意识结构中，并随时予以应对。

这可以借用胡塞尔的意识现象学来解释，就是所谓焦点意识—边缘意识的结构关系。举一个例子，我们在教室上课，听讲是我们的焦点意识，我们将全副身心投入上面，非常专注，但此时并不代表我们的意识只封闭在课堂授课这一场景中，我们的意识是敞开的，自然耳听八方，眼观六路，如果此时走廊传来穿高跟鞋走过的声音，突然有人摔倒，大声惊叫一声，我们的意识会短暂从课堂转移到外面的声音上，这是我们的边缘意识，当我们发现摔倒者的问题不大，我们又会回到课堂讲授上，如果摔倒的那个人情况严重，我们会投入抢救的场景中，这是边缘意识转变为新的焦点意识。我们所描述场景中意识切换的形式就与湛若水所讲的“主一”与“无适”的关系结构相类似。

古训者，其圣人之精乎！其犹之规矩矣。以规发圆，以矩发方，以精发精。规不规，矩不矩，远于聪明之巧矣。故学则聪明日生，不学则聪明日窒。古训者，圣人天聪明之蕴也。彼杨、墨、释、老者，各任其私知，不讲于古训之疾欤！孟子曰：“公输子之巧，不以规矩，不能成方圆。规矩，方圆之至也；圣人，人伦之至也。”

今译

古训，是圣人之心生发的精蕴！它就像规矩一样。用规来定圆，用矩来定方，用圣人的精蕴来启发我们本身具有的精蕴。如果规不成规，矩不成矩，那只是远离聪明的机巧。所以，学习古训，我们的聪明就会日益增长，不学习古训，我们的聪明就会日渐消失。古训是圣人先天聪明的精蕴。杨朱、墨翟、释氏、老聃之流的问题，都是他们放任一己的私知（智），而不是学习古训的结果！孟子说：“即使有公输子的机巧，不用规矩，也不能画出方圆来。规矩，是方圆的极致；圣人，是人伦的极致。”

评议

陈白沙认为“六经皆糟粕”，乃是吾心之注脚，非常重视心的作用。王阳明对于经典的态度，也是更相信本心原初的力量，学者可不读书，但不可不信奉良知的力量。对于古代教育普及面不那么广来讲，这种观点对于愚夫愚妇这一阶层是更能接济人心，导人向善的。不过，湛若水一直对于读书以及典籍寄予很大的信任，也极力协调自信本心力量与借助经典之间的关系。他认为古代的典籍，就其本质来讲，是比我们先得道、先觉醒的圣贤的本心精蕴之所发，它是直接反映了他们在其所处的生活世界中如何应事接物，进行道德修身的经验方法。湛若水将其视为本心的规矩，是对本心在生活的一种牵引。

或曰：“学必由中出矣。”甘泉子曰：“何往非中矣？心体物而不遗，故无外。无外安有中？故有外之心，不足以尽性。夫惟尧之心光被四表矣，故心也者，无远近，无内外。”

今译

有人说：“学习一定要从中正开始。”甘泉子说：“哪里不是中正呢？心体察天地万物而没有遗漏，所以心没有心外之域。没有心外又怎么会有中正呢？所以有一颗分别内外的心，就不足以穷尽自己的性体。尧的心照射四方，所以我们的本心没有远近，没有内外。”

评议

我们的本心与天地万物连为一体。它的性状不能用表示空间的词语来指认，所以它无中，亦无外，也无近，更无远。生活世界中最空明的原点是吾之本心，即我们的生存论的空间。它之所在即为中，亦为外，也为近，也为远，随其所到所至之处，而空间存焉。

士德曰："曷谓学？"曰："学也者，觉也。人之良知蔽于气习，故生而蒙，学问思辨所以发其蒙而觉之也，觉则复其良知之本体矣。如梦有觉之者，非外益之也。伊尹曰：'天之生斯民也。使先知觉后知，先觉觉后觉。'"

今译

士德说："什么是为学呢？"甘泉子回答说："为学，就是觉醒。人的良知受到习气的遮蔽，所以我们生来处于一个蒙昧的状态，学问思辨只是要启发我们蒙昧的状态，让我们觉醒而已。觉醒了就能恢复良知的本体。这就像梦醒了一样，良知并不是从外面增益的。伊尹说：'天之生斯民也。使先知觉后知，先觉觉后觉。'"

三子侍坐，问圣学。甘泉子曰："夫学，性情焉耳矣。"敢问其说。曰："不怨天，不尤人，孔子也。不迁怒，不贰过，颜子也。故知性情之学者，可与道中庸矣。是故下学上达，与天地

相似，故同德。”

今译

三个学生侍坐，请教什么是圣学。甘泉子说：“圣学只是性情而已。”请问圣学具体的内容是什么。甘泉子说：“不怨天不尤人，这是孔子的工夫；不迁怒不贰过，这是颜子的工夫。所以，知道性情的学者，就可以跟他讲中庸之道。下学能上达，与天地相仿，这是人与天地同德。”

士德、公赞、仕鸣从游于云端之下，甘泉子问之曰：“子之游也，于本心何如？苟不迁焉，一游一息，无非养矣。学在多言乎哉？学问思辨焉，察其体而养之，守则贤，化则圣。”

今译

士德、公赞、仕鸣从游云端之下，甘泉子问：“诸君子游学，对本心的涵养如何？只要本心不迁移，一游一息之间，无非都是存养。为学在于言语多吗？只是学问思辨而已，察识本体而存养，守护本体则成就贤人之道，工夫进入化境则成就圣人之道。”

评议

游息之学是湛若水一个重要的指点工夫，特别是在他晚年，不专文字，多次携学生出游中尤见如此。所谓“游学”，所游者乃名山大川，游历中见花草鸟兽、斗转星移，更可见得天地生意盎然，以此涵养，便是学问。朱熹所谓“万紫千红总是春”，亦即如此。如何涵养？在于心体不迁。所谓不迁就在于挺立本心的主体性，以他为主宰，游历山水而不陷溺于山水之间，不为山水之瑰丽所胜，才能体贴其间生意，涵养本心。这里还有一点需要注意，湛若水对学问思辨笃行的解释，不仅仅是传统对道学的理解。即不仅仅是在书院中的讲学，而是包括了在山水之间察识存养天理。这也解释了在没有典籍之前，圣人是怎么做工夫的，无非是仰天俯地，观察天文地理。所以，在这种意义上，湛若水虽然非常强调古训典籍的作用，但是他的学问工夫还是扣紧在本心上做，人情练达、山水风光也是工夫的场所，不只是读书一端。

杨生曰：“心何为而可尽？”甘泉子曰：“其敬乎！至敬无累，明鉴无蔽。”

今译

杨生说：“本心怎样才可以穷尽！”甘泉子说：“靠敬谨的工夫！至敬没有累滞，就像明镜没有尘垢一样。”

评议

这一条讲敬，其中既有作为工夫的敬，也有工夫纯熟后的境界——敬体。敬的工夫在前文讲“执事敬”工夫时，已经有详细说明，可以参考。这里重点讲工夫熟后的敬体，所谓至敬无累。在分析主静与主敬工夫区别的时候，我们讲两种工夫所要达到的心理状态并不一样：静指向一种虚空的意识结构，而敬则指向一种高度收敛、紧张的意识结构。那么至敬的状态，在心理层面上是高度紧张的状态，何以又说它是无累，也就是自然的呢？这也是宋明儒所讨论的敬谨与洒落之间的关系问题，是对立的还是一体两面的。前面讲到主一与无适之间的关系，内心本体挺立，主宰在焉。本心保持高度紧张的状态，应物时自然如中军在帐，敌来之东则御之东，敌来之西则御之西，而不会疲于奔命、追穷寇于东西南北，本心泰然自处，自然无累。所以，至敬乃是如猫捕鼠，精神保持高度集中，一旦老鼠有一点动静，那么就一跃而起，一把抓住，何其快哉！

杨生问："扩充之指。"曰："非外有所增而致力也。存而养之，养则生，生则大，大则广，广则塞。是故至大配天，至广配地，充塞配万化，其扩充之谓乎！夫艺木者，根立而养之，则发而茂，茂而实，有不得已焉耳。"

今译

杨生问："请教扩充的要旨。"回答说："扩充并不是从外面增益而有所用力。存留而后涵养，涵养则生生，生生则大，大则广，广则充塞流行。所以至大对应天，至广对应地，充塞流行对应万化，这就是扩充的含义。种植树木，根立而培灌，则枝繁叶茂，硕果累累，这个过程自然而然，不是人力所能安排的。"

评议

这一条讲扩充的要旨。我们的本心有其形式结构与内容质料，而生活世界是其内容质料的来源。它需要我们在事上磨炼扩充，这似乎会陷本心于外部世界而无法超拔，故学生有此一问。然而，甘泉认为本心的扩充，其力量或源泉并不是从外面来的，它不需要人力的安排，所谓“非外有所增而致力”。它是心体涵养，自然而然在事上应物，就像树木由其根生长，其间不容有半点“刻意”，乃是自然而然的过程。

仕鸣问致知涵养之别。甘泉子曰：“无二。”又问。曰：“知之所至，养亦至焉。是故知与养并行而不离也。”

今译

仕鸣问致知与涵养的区别。甘泉子说：“它们是一体，没有区隔。”仕鸣又接着追问。回答说：“致知到了，涵养也到了。所以致知与涵养并行不悖。”

甘泉子曰：“夫治心者，如调马矣。习心之狂犹夫马也，故调之而后熟。思则思，不思则不思，思不思在我一体也。今夫求心者偏于静，不求于动，不习之于事，譬诸系马于肆而求其良，不可得也。”杨生曰：“敢问思不思一者何谓也？”曰：“譬之鉴焉，物至照之，不至则不照，照不照皆此体也。学在去其蔽

之者而已矣。”杨生曰：“子尽心之义，其斯之谓欤？”曰：“然，以此而照，性孰不可知？充是心也，精义入神，聪明睿智，以达天德。”

今译

甘泉子说：“治心就像调习野马一样。习心就像狂奔的野马一样，所以要调习然后才能纯熟。该思维（思考）就去思维，不思维就不思维，思维不思维在于我本心的一体。现在那些治心的人都偏向在静中求取，而不在动中求取，不在事变上求取，这就好像把马绑在马厩中，而要去求良马，是不可能得到的。”杨生问：“请问思维跟不思维是本心的一体，是什么意思？”回答说：“这就好比镜子一样，事物来了，就去照它，事物不来，就不去照它。照和不照，都是这个镜体。求学就是要刮除遮蔽的污垢而已。”杨生问：“老师对尽心的解释，就是这样了吗？”回答说：“是的，以此来照物相，性体哪里不可以知道？扩充这心体，那么自然精义入神，聪明睿智，能上达天德。”

门人有问：“圣可学欤？”曰：“可。”曰：“如之何？”曰：“在变化。士而贤，贤而圣，圣而天，变化也。今夫飞潜[1]之类，变化则有之矣。如其学不变不化，可以人而不如飞潜乎？”曰：“孰变化之？”曰：“沉潜刚克，高明柔克，克之者其心乎！心之中正，其变化之矩也。”

注释

［1］飞潜：天上飞翔的鸟、水中潜游的鱼。

今译

有弟子问："圣学可以通过学习而达到吗？"回答说："可以。"又问："如何达到呢？"回答说："方法在于变化。从士君子转化到贤人，再从贤人转化为圣人，最后圣人又与天地合一，这就是变化。今天那些天上飞翔的鸟，水中潜游的鱼，经过变化才有这些。如果学习者不能自我转化，那么人岂不是不如那些鱼鸟动物了？"又问："谁在变化呢？"回答说："无论是沉潜之刚克，还是高明之柔克，所能者就是我们的本心！本心的中正，就是变化的规矩。"

余胤绪问视听言动之非礼。甘泉子曰："非礼，形而后成者也。视听言动由诸心，以心应则无非礼矣，故曰勿。勿者其几乎！"曰："四勿之中，视听为甚速，如之何？"曰："其中有主矣乎！必见夫参前倚衡之体，则非礼不入矣。否，虽闭目塞耳，亦驰而已。"

今译

余胤绪问非礼勿视听言动。甘泉子说："非礼，是形诸之后所形成的。视听言动从本心发出来，用本心处事应物，就没有非礼的事情，所以只是讲‘勿’。我们所要‘勿’的是应事时动而未动的那个机微！”又问：“四勿之中，视觉和听觉感应事物最为迅猛，怎么办？”回答说：“我们的本心有所主宰！我们要察见到参前倚衡的本体，那么遇到不符合礼仪的事情自然不会去做。不然，即使我们闭目塞耳，心也是在放驰而已。”

或问：“政。”曰：“在正身。天下国家与身一也，有一不知，不可谓之知性；有一不尽，不可谓之尽性。”

今译

有人问什么是政。回答说：“政在于正身。天下国家与吾的身体是一体不容已的整体，有一处不知道，不可以说知道自己的性体；有一处不穷尽，不可以说穷尽自己的性体。”

新论

空室空木之中，有物生焉。虚[1]则气聚，气聚则物生。故不待种[2]也，气即种也。古之气化而生也，故虚者生之本。

注释

［1］虚：虚空的状态。［2］种：种子。

今译

空室空木里面，有物生发。处于虚空的状态，天地之气就会集聚。天地之气集聚，万事万物就会从里面生发出来。所以，天地生物不需要其他种子，天地之气就是种子。古时认为天地气化流行而万物生发，所以虚空是生生不息的根本。

评议

气的观念是宋明儒学共同分享的宇宙生成论的框架。不过，与王阳明不同，气在甘泉这里是作为其哲学体系的显题而出现。由“气”而及天地万物一体的价值存在链条，由此既突显了天地间的节奏与秩序，又强调生生不息、活泼的创造力量。这就是天地的“种子”，而其状态则是“至虚”的。这是受到张载的影响。天地的虚空，则决定了我们本心虚灵应物的本体状态。

宇宙间其一气乎！气一则理一矣。如池浑浑，群鱼生焉，是谓同体。溢则同生，涸则同死，一体之谓也。其形体、呼吸、性情潜跃之异者，分之殊[1]尔。见之者谓之知道。

注释

［1］“理一分殊”：宋明理学中的重要概念，“理一”指在天地万物中存在一个普遍的、有共同规律性的理，而这个“理”又必须通过天地万物不同的差异性、特殊性表现出来。

今译

浩瀚宇宙只是一气流行。一气流行，那么浩瀚宇宙也只有一个天理。这就像池水浑浑，一群鱼儿自由自在地游着，这就是我们讲的“同体”。池中有水，鱼儿就能生存，池中没水，鱼儿就会死亡，这就是“一体”。但是，池中鱼儿的形体、呼吸、性情的动静都有不同，这就是分殊。能够知道这个道理就能够察见天道。

评议

“理一分殊”是宋明理学中一个重要的概念，朱熹曾经用“月印万川”来做比喻。其中，理一是指在天地万物之中存在着一个具有普遍性的、有共同规律性的道理，这个道理是天地万物存在的内在根据。但是，这个道理又必须通过天地万物不同的差异性、特殊性表现出来。它用来解释一与多之间的关系。“理”更重视规范与秩序，容易陷于僵化，而疏于变动、变易的一面，只重视“经”，而轻忽“权”。所以，湛若水强调生生不息的气是天地万物一体的更为基础性的核心，并用之来解释本体的一元性与经验世界的多样性。这就是“气一分殊”。湛若水虽然没有明确提出这四字概念，但他的门人蒋道龄就明确将“气一分殊”确定为宇宙生成论的基石，这无疑是受到湛若水的直接影响。以这种视角看待生活世界的构成方式，便是一幅活泼泼的、生意盎然的图景。当然活泼泼并不意味着无序与盲目，因为气的流动，即其一屈一伸是有节律的，所以湛若水才说“气一则理一”。秩序不是僵化的秩序，而是变动着的秩序。

天地之性也，非在气质[1]之外也，其中正焉者，即天地之中赋于人者也，故曰“天地之性”。是故天下之言性也，皆即气质言之者也，无气质则性不可得而见矣。故生而后有性之名。周子[2]曰：“刚善刚恶，柔亦如之，中焉止矣。”气质之中正，即性而已矣。

注释

［1］气质：指人与物的禀器，即人物先天禀得的有形的体态。宋儒用天地之性与气质之性这对概念，来解释经验世界的恶如何产生出来。湛若水反对宋儒将二者对立开来，认为天地之性与气质之性是不可分割的统一体。　［2］周子：周敦颐，北宋理学五子之首，被认为

是宋代理学的开山鼻祖。

今译

天地之性，并不在人的气质之外。其中气质的中正，是天地中正之气赋予人的，所以把它叫作“天地之性”。在这个意义上，当我们讲“性”的时候，都是从“气质”的角度去讲的。如果没有气质，性又怎么能够表现出来呢？所以，气质生发出来之后才有性的名相。周濂溪说：“刚善刚恶，柔亦如之，中焉止矣。”气质中正的地方，就是天地之性了。

评议

前面，湛若水不断反复论证天地万物背后的根据，从天理而转化为生气。这里面其实潜藏着一个困难，至少在宋儒朱熹看来是困难的地方，即究竟如何解释经验世界的恶是怎么产生的。

按照朱熹的思路，气的流动是茫然、无秩序的，遇天地万物，而成具体的禀器，这是恶滋生的原因。他将其称为“气质”。只有通过理、天理的规范，才能使其流动具有秩序，这才是“善”。所以，他区分出两种性，一个是天地之性，一个是气质之性。这样一来，善恶的发生就成为两个独立的系统。这在解释的逻辑上当然是清晰的。但是，它也有一个问题：如果它们是两个独立的平行系统，那么在修身的工夫论上，“去恶成善”如何在同一个人身上进行转化呢？面对这样的问题，朱熹又要用“无极生太极”来解释。太极即是天理的状态，无极是善恶没有区分之前的前置状态——理气相混。但是，这也有新的问题：就是理气如何从一个混成的状态，变成两个可以彻底分开的东西。

为了避免这些困难，湛若水并不采取二元对立的思维模式，他不认为有两个不同的性——天地之性与气质之性。天地之性并不是在气质之外，气质是天地之性得以显现的场所。依这种观点，那么善与恶并不是对立的两个系统，恶只不过是善的缺失或缺乏而已。也就是，气质中正即是善，有所偏倚即是恶。落实到修身工夫论来讲，人的身体或躯体，并不是一个恶生长的温床，而是一个要参与道德生命转化的力量，去恶即是成善。这在下文讲人欲如何产生时会有更清晰的呈现。所以，基督教那种“禁欲主义”，将人的身体视为人性堕落的观点，而完全否定身体在道德生活中的作用，必定不会得到湛若水的认可。

宇宙间一气而已。自其一阴一阳之中者谓之道，自其成形之大者谓之天地，自其主宰者谓之帝[1]，自其功用者谓之鬼神[2]，自其妙用者谓之神，自其生生者谓之易，自其生物而中者谓之性，自其精而神、虚灵知觉者谓之心，自其性之动应者谓之情，自其至公至正者谓之理，自其理出于天之本然者谓之天理，其实一也。

注释

［1］帝：上帝，天地万物的主宰。　［2］鬼神：指天地之气一伸一曲的状态。

今译

天地宇宙间只是一气流行。从阴气和阳气气化流行中正的角度讲，它被称之为“道”；从气化流行成具体形体的角度讲，其中宏大者被称为“天地”；从气化流行主宰的角度讲，它被称为“帝”；从气化流行功用的角度讲，它被称为“鬼神”；从气化流行妙用的角度讲，它被称为“神”；从气化流行生生不息的角度讲，它被称为“易”；从气化流行化育万物而处于中正的角度讲，它被称为“性”；从气化流行化育万物而成精明、神测、虚灵、具有知觉能力的角度讲，它被称为“心”；从应对“性”的萌动而有感应的角度讲，它被称为“情”；从气化流行化育万物至公至正的角度讲，它被称为“理”；从“理”源出于天地本来状态的角度讲，它被称为“天理”。它们各自的名相不一样，但它们的本质都是一致的。

喜怒哀乐未发而上，未之知也。然则未发也有知觉乎？曰：有知觉而无见闻。然则知觉之于见闻也有异乎？曰：有。知觉之生也由乎性，闻见之知也缘乎情。

今译

喜怒哀乐各种情感没有发生之前，是一个未知的状态。然而，处于未发状态的时候有知觉吗？湛甘泉回答说：这个时候有知觉，但是还没有见闻。那么，知觉和见闻有不同吗？湛甘泉回答说：是的，它们是不同的。本心的知觉能力是我们禀受先天的性体而具有的，但是经验世界的见闻之知却是我们本心感应天地万物之后才产生的。

涵养而知者，明睿也；问学而知者，穷索也。明睿之知，神在内也；穷索之知，明在外也。明睿者德性，德性则可以入圣矣；穷索者思虑，思虑则可以入贤矣。

今译

通过涵养而得到的知识，这是明睿之知；通过问学而得到的知识，这是穷索之知。明睿之知，神明在本心之内；穷索之知，神明在本心之外。明睿之知，是通过德性涵养而获得知识，涵养德性可以进入圣人之域；穷索之知，是通过思虑而获得知识，通过思虑问学可以进入贤人之域。

评议

这一条的线索是“见闻之知”。宋儒张载对知识做了分类，一类是德性之知，一类是见闻之知。有很多人认为前者是道德的知识，研究的是怎么做的知识；后者是科学的知识，研究的是具体的知识。但至少从这一个条目来讲，湛若水认为这不是一个“怎样得知”与“知道什么”的区别。知觉之知的知觉并不仅指本体的能力，它更直接指本体，所以知觉之知就是本体之知，湛若水认为它是从天地之性的性体而来。见闻之知，是从经验世界得到的。但是，它们两种知识都是指向如何做的，即如何应事接物的知识。见闻之知也不是要去研究所应对的事物究竟是什么。它与知觉之知的区别在于，后者的内容来源于心性本体，不会有错误，而从经验世界而来的见闻之知，却有可能是错的。见闻之知的中正，就是知觉之知。

古之学也必本诸性情。故孔子之学曰“不怨天，不尤人”，颜子之学曰“不迁怒，不贰过”，其性情也乎！夫性情非遗于事物也，由是而贯之耳，是故性能达事，非事达性。

今译

古时的学问必定根植于性情。孔子讲“不怨天，不尤人”，颜子讲“不迁怒，不贰过”，这些学问工夫都是在讲性情！然而，性情并不是脱离外在的事物，而是能够一以贯之，所以从性情入手则能达事，而从事入手却不一定能进诸性情。

评议

儒家的所有学问以处理人伦关系作为核心，在人伦关系中遍润着人与人之间的情感作为维系的基础。世间情是儒家学问的核心。在湛若水看来，性情是最重要的根本之学，性情如何生发与表达，如何能够做到“不怨天，不尤人”，“不迁怒，不贰过”，正是他的修身工夫所要重点解决的问题。

诵诗三百，达政专对，气质之变化也。学求变化气质而已矣。是故变化之道，莫大乎歌咏。

今译

吟诵《诗经》，必能明白如何治理国家，专任使节又能独立随机应对，这都是气质的变化。为学在求取变化气质而已。所以气质变化的方法，没有大于歌咏的。

礼者以定民，乐者以动民，礼以定之，故使民手足有措；乐以动之，故使民不知手之舞之，足之蹈之。定以基之，动以成之，故三王之治可几也。

今译

礼仪用来厘定民俗，音乐用来感动民风。用礼仪来厘定民俗，所以民众的动作举止都有根据；用音乐来感动民风，所以民众就会情不自禁地手舞足蹈。厘定礼仪奠定治民基础，感动音律成就淳朴民风，那么就差不多可以达到三王的治政了。

萝峰寺玉岩书院《山高水长》
（湛若水题匾）

知新后语

虫之感也，以春而鸣；草木之感也，以阳而生。观其所感，而天地之仁可见矣。虫之寂也，蛰而息；草木之寂也，归其根。观其所寂，而万物之仁可见矣。

今译

虫儿对天地的感动表现为春天来了它就会鸣叫；草木对天地的感动表现为它们总是向阳生长。我们观感它们对天地的感动，通过天地的仁意就能够显现出来。虫儿对天地的沉寂反应为蛰伏冬眠；草木对天地的沉寂反应为化作肥料滋养它们的根。我们观感它们对天地的沉寂，天地的仁意就能够显现出来。

评议

这一条讲天地感动。何谓天地万物之仁？它是仁义礼智信当中的仁吗？不完全是。仁义礼智信，它们只是人的伦理生活中的某些德性而已，它们各自对应伦理生活中的某一种关系。我们还可以根据需要，延伸出其他的德性，它们已经是落入经验层面的东西了。所以，仁义礼智信意义上的“仁”，虽是善德，仍不足以称为天地万物之“仁”。这个仁是杏仁、桃仁的“仁”，那就是种子，是生命破土而出的力量，是炎炎夏日午后阵雨的那股土地炙热的气味，这就是生意。湛若水认为天地万物无非是一体仁意的流贯发生，所以在天地之间观感虫鸣蛰息、草木荣枯，在其感与寂之间，就能体贴到天地生意，当然也可以体贴到人心的生意——仁德。本心之仁德挺立，其志勃然焉，自然能够不为气所挟，不会见冰而寒、闻雷而惧。

人心道心只是一心。心得其正时，纯是天理，故谓之道心；心不得其正时，便为己私，故谓之人心。人心，有我之心也；道心，天心也。先儒谓出乎天理之正者道心，则是也；谓发于形气之私者人心，则恐未然。凡谓之心皆指具于形气者言，惟得其正，则道心也。

今译

人心道心只是一个心。本心处于中正状态的时候，纯粹是天理流行，所以把它称为道心；本心有所偏倚的时候，私欲膨生，所以把它称为人心。所谓人心，只是一个“有我”的心；而道心，只是一个纯粹天理的心。以前的儒者所说的“出乎天理之正者道心”，就是这个意思；但是他们又说“发于形气之私者人心”，却不太恰当。因为我们一讲到“心”的时候，都是指那颗具有形体的跳动的心，只是当这颗血肉之心处于中正的状态时，它就是道心。

评议

这一条讲道心与人心，宋儒朱熹的思路是跟区分天地之性与气质之性一样，而将道心与人心看成两个独立的系统。天理之中正即是道心，而诱发人欲之私即是人心。朱熹以天理来释道心、人心。与湛若水相比，朱熹认为本心之中正为道心，此时纯是天理流行，而以本心之偏移为人心，此间夹杂着人欲。这样他就不需要用一个外在的标准来解释心的不同状态，所以道心、人心只是一个心。

明道言："常人食饭在脊梁上过，某食饭在肚里过。"在肚里过便是执事敬，在脊梁上过便是忘。

今译

程明道说过："常人食饭在脊梁上过，某食饭在肚里过。"在肚里过就是执事敬，在脊梁上过就是遗忘。

评议

这一条讲程明道（程颢）的吃饭之道。从这里可以看出，儒家之道乃是平平常常之道，所谓饮食男女皆是天理，过与不及则是人欲。吃饭在肚子里消化，这是吃饭本该有的样子，这就是执事敬。所以，湛若水讲的工夫不是那么缥缈，而是在日常生活中脚踏实地，该吃饭时好好吃饭，该睡觉时好好睡觉，走路的时候好好走路，这就是生命的节奏，天理的流行。

看《仪礼》，多一揖一让不得，少一揖一让不得，与夫一拜

一兴，皆天理也。

今译

我们看《仪礼》里面的内容，多一揖一让不行，少一揖一让也不行，因为其中的一揖一让，都是天理流行。

评议

《论语》主要是孔子与其弟子及后人之间关于学问生命的讨论对话。不过，在《乡党》篇中则记录了孔子日常生活的言行举止，无论在朝或是闲居，其动作周旋都是合乎礼仪规范的。所谓“七十而从心所欲，不逾矩”是也。孔子的身体已经是一个礼仪化的身体，也就是多一揖一让不行，少一揖一让也不行，其行为举止，都是天理流行。

吾年五十而后学渐得力，盖从前未曾深加致知之功，虽力行涵养而未能真知，是以未能无惑也。始知博学、审问、谨思、明辨、笃行阙一不可。是故大学之教，必知止而后有定，譬如夜行无烛，其心眩惑，安能直前？

今译

我五十岁以后学问工夫才逐渐找到得力的地方。因为我以前并不知道致知的工夫，虽然我身体力行涵养本心，但并没有得到真知，所以并不能免于困惑。我才知道博学、审问、谨思、明辨、笃行缺一不可。所以，大学的教法一定是让我们先要知道所止的地方，然后工夫才能有定向，这就好像夜间出行没有蜡烛照明前路，我们的心处于一种眩惑的状态，又怎么能够前行呢？

评议

这一条是湛若水对自己学思历程的反思，他说自己五十岁以后学问才逐渐得力，因为从那时候开始才知道做学问要用学问思辨笃行的工夫，而不能只是空空存养心体。所以，我们在阅读湛若水文献的时候，偶尔会出现一些相互抵牾的提法，这是因为他的学问有一个变化的历程。他在五十岁西樵山讲学以前，基本上尊奉先师陈白沙先生的教旨，其学偏向于内，五十岁以后才逐渐倡举知行并进、中正合一之学。

凡人有甚怒及横逆之加，则其人如病狂初作，不可便与之辩，但当以理自克，久之则其人自悔，如病苏也。持此以行诸夷夏，无不可矣。

今译

人处于盛怒的时候，对我们无端指责，这时他就像疯病发作一样，（我们）不能够跟他辩解，他应当自己以理克除自己心中不好的情绪，久而久之，对我们发怒指责的人就会自己悔悟，就像病好了一样。用这个办法行走世间，无不没效用的。

评议

这一条讲如何与人相处。其设想的场景是他人对我们横加指责，对我们无端盛怒。甘泉认为，即使自己受到了误解，这种时候也不要去跟那个人辩解，因为那个人显然已经丧失了理智。这时候应该反求诸身，久而久之，那个指责你的人自然就会悔悟。这里很明显看到儒家是一种严苛律己的伦理学，它认为伦理生活虽然指向他人，但是其起点在于自我。“我”才是伦理生活的建构者与承担者。所以，他说以这种方式去施政，即使是蛮夷四荒，也能够被化育。

在明德、在亲民，不可作推，只合作一体，皆已分内事。盖物我同体故也，若不亲民，则已性分有缺，故《中庸》云：“诚者非自成己而已也，所以成物也，成己仁也，成物智也。性之德也，合内外之道也。”此理则一，不分在己在人，孔子言“己欲立而立人”，亦此意。

今译

治政在明德，在亲民，但这两者不能用推的工夫，它们本来就是一体相关的整体，都是自己性体的分内之事。这是吾与天地万物同体的缘故。如果不能够亲民，那么吾身性分便有所缺失，所以《中庸》说：“诚者非自成己而已也，所以成物也，成己仁也，成物智也。性之德也，合外内之道也。”这个道理讲的是天地万物一体，不区分人己物我，孔子讲“己欲立而立人”，也是这个意思。

雍语

甘泉子曰："仁其心之生理乎！自一念之动，以至于万事之感应，皆生理也。故孔门之求仁，必于视听言动、出门使民、居处执事与人而言之，皆即事即动以求者也。《易》曰：'复其见天地之心'。"

今译

甘泉子说："仁体是我们本心生生不息的天理啊！从我们本心念头的发动，再到它对天地万事万物的感应，都是生生不息的天理。所以，孔子教导弟子求取仁德，一定是在日常生活的视听言动、外出如何待人、治政如何管理百姓、如何居家独处、工作和交友这些具体事务的应对中求取。《易经》就说：'复见天地之心。'"

评议

这一条从伦理生活的处事应物中讲体贴生意、仁意。湛若水曾讲"老眼触处皆仁"[①]，我们每天睁眼就是应事接物，何等快乐！所以，湛若水认为人心之仁的锻炼，不能脱离于世事，而去空空求取一个无事的状态。王阳明的学生聂双江和私淑弟子罗念庵，他们所创的学派就是要在应事之

① 《题冼罗江司空画菜》，《泉翁大全集》卷48。

前去刮磨掉本心的私欲杂垢，待到本心完全洞明清澈再去应事接物。这种方式会出现一个问题，就是“一念之动”与“万事之感应”变成两个完全割裂开来的事情。应事前的刮磨就是在念虑萌动，又还没有具体形着的情形下做工夫。这样其实很容易在无事的时候，本心好像已经澄明清澈，能够有所着力，但是一到应事时就手脚慌乱，不知所措。所以，湛若水强调工夫一定要在“即事即动”上做。

蔡琳问：“人与天地不相似，其起于人己之二乎？”甘泉子曰：“物我之初，一而已矣。形骸异而彼此分，彼此分而私意生。子不孝于父，臣不忠于君，至于利害相攻，贼灭无伦，二而已矣。惟夫克己则无我，无我则无物，无物无我则一矣，其惟天地乎！”

今译

蔡琳问：“人和天地并不相似，是不是因为他人和我们自己有区别呢？”甘泉子说：“天地万物与我们最初只是一个整体而已。当天地化育万物，万物因形体不同而彼此区分开来，这时私心杂欲才由此生发出来。儿子不孝顺父亲，臣下不忠诚君主，甚至到了因为利益互相攻击、伦理泯灭的地步，这都是因为他们人为的把自己和他人区隔开来的恶果。只有我们克除自己的私欲，才能做到无我的状态，只有无我，才能做到无物的状态，无物无我才能达到天地万物一体的状态。其实，天地万物与我们是一体的！”

评议

前面我们讲气质的中正处即是天地之性，即是善。这当中有一个问题被我们绕过了。如果天地之气是纯善流动的，在化育成物的时候，善又怎么会缺失或缺乏呢？这就与天地万物各自的气禀有关系了，这就好像我们用不同的器皿去盛一江春水，器皿的禀受不同，得到的也就不同。但这个比喻只是解释了化育万物所禀得的厚薄问题，没有解释不同物的区分。

湛若水以人为讨论的基点，认为人有貌、言、视、听、思五种能力，动植物不能得其全，而有所偏，所以动植物有心，却无法思考，自然无法挺立道德的责任。它们没有所谓恶的发生。而人皆全备这五种能力，特别是有完整的思维能力，但不意味着人生之初，恶就会出现。湛若水曾经对学生田叔和“气质之偏”有一个补充的讲法：“偏于木而慈，偏于火而燥，偏于土而滞，偏于金而厉，偏于水而荡”①，这就是引入了五行四时的学说来解释人的性情的问题。

孕育我们的水土不一样，出生的节气不一样，母亲怀胎十月的饮食起居不一样，我们生下来的性情自然会不一样，会有一个气质之偏的状态。这是我们的禀赋、气质、个性，这就是天地之气着落到我们每一个人身上，由气之全而成形体之偏。但是，到这里依然没有一个“恶”的问题，因为气质是我们修身成德的基础。慈、燥、滞、厉、荡都是我们的性情，每一种性情都有一个中正的状态。失之中正才是恶，才会出现子不孝父、臣不事君的情况。比如讲“慈”，富有同情心、爱心，这自然是好，但若没有节制，对于自己亲人的溺爱，就成为徇私；若没有次第，不知爱有一个推及的过程，就会出现爱物甚于爱人，爱他人甚于自己的父母亲，这些都是“慈”的性情所发不中正的表现。

归根到底，这是一个“教”的问题。因形体已成一独立的个体，于

---

① 《新泉问辩录》，《泉翁大全集》卷67。

是很难自己跳出这个有形体的私己，而不知道未有“我”之形体的时候，天地之初究竟是什么样的状态。所以，湛若水强调一定要“无我”，无我就无物，就能基于自己的性情自然而然去恰如其当地对待与我们一体不容已的天地人物，根据其次第与位置，使他们成其所是。当然，这就不能不学，不能不教，所以湛若水非常强调后天的教习。

甘泉子曰：“人之心也，其犹镜乎！镜之明也，自然照物矣。心之明也，自能应物矣。学问思辨笃行，所以存养其知觉，其犹磨镜之工云尔。”

今译

甘泉子说：“人的本心就像镜子一样！镜子澄明，自然能够照物。本心灵明，自然能够应物。学问思辨笃行，只是用来存养本心的知觉能力，就像刮磨镜子的工夫而已。”

评议

这一条是讲镜子的比喻，但它是讲明镜照物，物来顺应，用此来比喻本心应事接物的本然状态。镜子照物，最大的特点就是镜子本身不会刻意去挑选所要照事物的美丑高矮肥瘦，而是会根据事物本身原有的状态，呈现出它本来应有的状态。美的事物自然会照出它的美，不会有半点增添，丑的事物自然会照出它的丑，不会有半点增添，而高矮肥瘦亦如是。心体如明镜，也是要描述出心体的这种廓然大公的性质，它会根据所要应接事物的特点，来恰如其当地对待它们，这就是前面我们所分析的“物至而后义生”的意涵。

这一条后半句讲的是修身的工夫。“磨镜”是直指本心的工夫，它直接就是要刮磨掉心体中的物欲。但是湛若水的磨镜工夫并不像聂双江和罗念庵一样，要求学者在应事接物之前去做，通过静坐的方式涵养本心。湛若水认为，先天的本体工夫在后天做，他认为必须通过“学”，也就是学问思辨笃行的工夫，通过它们来存养心性本体。但依宋儒，存养心性本体是尊德性之事，而学问思辨笃行是道问学之事，两者如鸟之双翼、车之两轮，并驾齐驱，又如何能够是一段工夫呢？前面在讲格物致知的时候讲过，湛若水将物理直接转化为心理，所谓学问思辨的工夫就是讲求物来之后本心如何去应物。如果本心不能呈现物本来应在的位置，不能使其各得其所，而有所偏倚，有所执滞，这就是有物欲。此便是本心不能得其正，这是镜体不明。学习应物的知识，就是通过学习古训、经典，圣人留传下来的精蕴。学习以后，知自然有所措，接下来就是要做笃行的工夫，将所知之理贯彻到底。这是前面所讲的知行并进，知与行之间没有一个间隔，因本心无间于动静，无间于知行。

潘子嘉曰：“敢问心犹鉴，何也？”甘泉子曰：“鉴之体常明也，物照而妍媸辨焉。善学者，其学诸鉴乎，去其暗此者而已。今夫禅学者，其犹不照之鉴乎！”

今译

潘子嘉说：“如果我们把本心比喻成镜子，这个比喻恰当吗？”甘泉子说：“镜子的本来状态就是恒常澄明，这样照物的时候，事物的美丑就自然而然分辨出来。那些善于学习的人，都会学习镜子，只是努力刮磨掉损害镜子澄明状态的污垢而已。但是现在学习佛学的人，他们的本心就像不去照物的镜子一样！”

甘泉子曰：“人皆知设施之为行矣，而不知念虑之存存即行也。合存存设施以为行，则几矣。”

今译

甘泉子说：“人们都知道各种安排布置是行动，但是不知道存养我们内心生发的念头也已经是行动了。如果把这两者统合起来，那我们才能真正理解什么是行动。”

陈道问：“知觉心之本体也，而亦寓行乎？”甘泉子曰：“然。知而存存，行之谓矣。”

今译

陈道问：“知觉是心本然具有的状态，它也涵括我们的道德行动吗？”甘泉子说：“是的。知觉然后存养，这就是行动。”

评议

这两条讲知行问题。王阳明龙场悟道后，即体悟到知行合一的知行观。湛若水多次对知行合一提出批评，认为知行合一的提法会让学者蒙混了知与行的内涵，最终不知何为知，何为行。更有可能只是知道了，又不去行动；或者是，茫茫然去做一件事情，又不知道做这件事情的道理是什么。这两个是湛若水认为知行合一提法的弊端。湛若水对阳明知行观的看法是否正确，不是我们此处所要追究的。

湛若水不讲知行合一，也不讲知先行后，而是讲知行并进，即知道了就要去做。在这里他并未明指知行并进的宗旨，而是对行动做了分类。其中一类比较明确，就是我们日常生活中经常见到的形着之行。另一类是人们经常忽略的，即所谓念虑的存续。念虑的生发是知，它是应事接物时产生的念头，并未涉及行动。不过，甘泉认为念头生发后便要去存续，而念头的存续虽然还没有完全行诸动作，但却是行动之前驱，这也是行动。有了念头就要去做，知的同时就去做，已有知行并进的雏形。他在《新泉问辩录》中另有一处讲到，“后世儒者就行字别了，皆以施为班布者为行，殊不知行在一念之间耳。自一念之存存，以至于事为之施布，皆行也，且事为施布岂非一念为之乎？所谓存心即行也”。可与这两条互相参读。

沈珠问：“心苟中正矣，其无待于审几与？”甘泉子曰：“中正者，心之本体也，既感而应则几也。或几而中正，或几而邪僻，其可以不审诸？其可以不慎诸？”

今译

沈珠问："如果本心中正，那么我们就不用去省察本心萌发出来的那些细微念头吗？"甘泉子说："中正是我们心体本然的状态。当本心感动于外物而有所反应的时候，这个细微的机括就产生了。这个细微的机括可能是中正的，也有可能是邪妄的，怎么可以不去省察它呢？怎么可以对它不谨慎呢？"

评议

审几是重要的修身工夫。前面讲过，本心未发时，处于一个中正状态，到应事接物时，会生发一个念头或念虑出来。那么，"几"是一个什么状态，它处于整个应事接物过程的哪个环节？几的本义是细微或微小的机括，湛若水这里说"几"是"既感而应"的状态。本心未发是静寂的，物来感而应，即本心萌动。所谓萌动，就是动的萌端、端绪，就好像我们看种子破土而出，那种即将破土又还没破土时的状态就是萌端、端绪的状态。所以，几就是本心既感而应的那种动而未动的状态。既未全动，念虑还没有完全生成。但既已因感而应，或因物之触发，并不完全处于中正，而有可能是邪妄的，所以必须要用审几的工夫。

门人问："心有主则虚，与有主则实，何谓也？"甘泉子曰："由其物欲之不入也，是故谓之虚；由其天理之中存也，是故谓之实；一而已矣。"

今译

门人问："心有主宰则虚空，与心有主宰则实有，这两个观点看上去相互矛盾，是什么意思呢？"甘泉子说："心有主宰，从物欲不能侵入本心的角度，这是虚空的状态；而从天理存留在本心的角度，这是实有的状态。这是本心的一体两面。"

评议

这一条讲本心的虚与实的问题，即所谓的虚实一体。从本心纯是天理流行，如实物置于水中，而称作是实的状态。而有天理为之主宰，人欲自然不能萌生，或稍有萌生，犹如洪炉点雪，即刻消融，这是本心虚的状态。其实，虚与实并不矛盾，是本心的一体两面。

甘泉子曰："虚者，其学之本乎！夫器之容物，以中虚也。故学在澄其心，澄心然后能虚，虚然后能受益。《易》曰：'君子以虚受人。'"

今译

甘泉子说："虚空，是为学的根本！器皿能够容纳事物，是因为器皿里面是虚空的。求学在于澄清自己的本心，本心澄清然后能够虚空，虚空之后才能学到东西。所以，《易经》说：'君子以虚受人。'"

潘子嘉问学。甘泉子曰："在闻道。"问闻道。曰："在立志。"问立志。曰："必真知而后志立。志也者，其圣学之基乎！"问道。曰："道，天理也，心之本体也。子能知本体之自然，则知道矣。"问自然。曰："心之本体不假人力，故知勿忘勿助之间无所用力者，斯得之矣。"问忘助。曰："忘助皆私心也。滞于物、胜于事，皆忘也；矜持、欲速皆助也。"问勿忘勿助之间。曰："无在不在也，中正而不息，易所谓存乎！"

今译

潘子嘉请教什么是为学。甘泉子说："为学在于闻道。"又问什么是闻道。回答说："闻道在于立志。"又问什么是立志。回答说："求学者必须是真知道了，然后才能立志。志向，是进入圣学的基础。"又问什么是道。回答说："道就是天理，就是心的本体。如果能知道本体的自然，就能知道天理了。"又请问什么是自然。回答说："心的本体不依靠人力，在勿忘勿助之间不需要用力，这就是自然。"又问什么是忘与助。回答说："忘记和助长都是私心。留滞于事物或超过事物，都是忘记；矜持或求快，都是助长。"又请问勿忘勿助之间。回答说："心既在又不在，中正而不止息，在本心中存养变易。"

施宗道问："学当何先？"甘泉子曰："先识仁，否则何的乎！能与我心性之图者，其庶矣。"未达。曰："知斯图者，其天地万物之同体矣。是故宇宙之内，一而已矣。夫然后能知性。"

今译

施宗道问："求学要以什么为先？"甘泉子回答说："首先要察识仁意，不然如何知道求学的目的呢？能赞许我《心性图》的人，就真的能知道这个道理。"施宗道没能明白。（甘泉子）又说："知道《心性图》的人，就会知道天地万物同体，就会知道宇宙之内，只是一个整体。察识到这个道理以后，才能够体知性体。"

余胤绪问学之不进。甘泉子曰："中有物也。有物则梗，梗则滞，今之功名利达，其学之大梗也与！"

今译

余胤绪请教学问不能精进的原因。甘泉子说："这是因为心中有物欲。有物欲就会梗塞，心梗塞就会留滞，所有的功名利禄，都是为学的大梗。"

甘泉子曰："圣贤之学始终乎志焉尔，有顷志弗存焉，则天理灭矣。故曰'志于道'，曰'志于仁'，曰'志于学'。志也者，以言乎其所之也，非虚也。《春秋传》曰：'吾志其目。'"

今译

甘泉子说："圣贤的学问以立志作为贯彻求学始终的工夫，只要有一刻志向没有存养，那么天理便会泯灭。所以讲'志于道'，讲'志于仁'，讲'志于学'。志向指的是求取学问的方向，并不是一种虚无的东西。就像《春秋传》中讲的：'吾志其目。'"

甘泉子曰："学莫先于立志矣。夫子之志学以至从心，皆一志也。立志而后学、问、思、辨、笃行焉以成之。"门人曰："人之诋毁，事势之颠蹶[1]也，则如之何？"曰："患志不立耳。志立者，其譬诸固本之木矣乎！雨露养之，霜雪亦养之，罹霜雪而摧败者，本可知矣。夫诋毁颠蹶也者，其坚志之助也。故曰：'匹夫不可夺志。'"

注释

[1] 颠蹶：颠簸，困顿。

今译

甘泉子说："做学问的入手之处就是立志。夫子从'十有五而志于学'到'七十而从心所欲，不逾矩'，一生的学问工夫都是从立志开始，并贯彻始终。立志然后做学问思辨笃行的工夫来存养志向。"门人问："在求学的过程中，遇见别人的诋毁，或者世事际遇的颠簸，该怎么办？”甘泉子说：“在求学过程中，我们只是担忧志向不挺立。志向挺立，这就好像有了根的树木一样！雨露是滋养它的，霜雪也只是滋养它而已。树木能摧败风雪，就在于它是有根的。他人的诋毁与世事的颠簸，只是我们坚定志向的助力而已。所以才说：‘匹夫不可夺志。’”

甘泉子曰：“夫学而知所疑也。学之进也，如行路然，行而后见多歧，见多歧而后择所从，知择所从者，进乎行者也。”

今译

甘泉子说：“做学问要对自己所怀疑的东西保持一个清醒的觉知。学问的精进，就像走路一般，会遇到很多岔路，见到岔路然后选择正确的方向，只有知道正确的方向，才能够继续前行。”

管登问：“学、问、思、辨、笃行有先后与？”甘泉子曰：“五者皆一心，何先何后？古训之学也，师友之讲论也，日用之应酬也，即知即行，夫是之谓学。若必读尽天下之书，穷尽天下之理，而后力行焉，不亦二矣乎？”

今译

管登问：“学、问、思、辨、笃行，它们有先后吗？”甘泉子说：“这五种工夫都出于同一个心，哪里有先有后？学习古训、与师友讲学辩论、在日常生活中应事处物，都应该在知道了，同时去行动，这才是所谓的求学。如果一定要等读尽天下的书、穷尽天下的道理之后才去行动，那不就把知和行区隔开来吗？”

或问：“学何贵？”甘泉子曰：“学贵疑，疑斯辨，辨斯得矣。故学也者，觉此者也。”

今译

有人问：“做学问什么东西最可贵？”甘泉子说：“做学问最可贵的是保持一颗怀疑的心。只有保持怀疑，才会去辨析，有辨析才能真正学到东西。所以，做学问就是要让学者的怀疑精神觉醒。”

评议

这一条是湛若水讲学习贵在于疑，所谓尽信书不如无书，也就是不以孔子的是非为是非。这种怀疑精神打破所有的权威、教条，而从自己的主体精神出发，实现本心的自我创造。所以，怀疑的主体是本心，也即良知，能够知是知非，进行判断论辩。在这种意义上，学习就是要觉醒吾心本体的怀疑精神，而没有任何功名利禄的裹挟。

陈应期问：“学而时习，何谓也？”甘泉子曰：“学其觉也，觉其心之神明也，神明之昏，习心蔽之耳。及其感于简策[1]，警

于人言，本然之觉，如寐者之唤，寤而神全焉，知斯至矣。时而存习焉，行斯至矣。悦焉，乐焉，君子焉，其皆本于此乎。”

注释

［1］简策：古代连接成册的竹简，这里泛指书籍。

今译

陈应期问：“‘学而时习之’，这是什么意思呢？”甘泉子说：“学就是觉醒，觉醒本心的灵明。本心的灵明昏怠了，这是因为习心的遮蔽。等到它从书籍中感发，从人言中警醒，都是本然状态的自我觉醒。这就像唤醒做梦的人一样，虽然在睡梦之中，他的本心灵明却一直在。这样知识也就自然获得了。时时修习而存养知识，这就达到了学的目的。而所谓的学习获得的愉悦，与学友切磋共学的快乐，别人不知道自己的德行而没有怨怒，都是从知行并进而来。”

评议

这一条是对《论语》首章《学而》篇的诠释。所谓学而时习之，通过对经典感发，而有警醒，其所得到的愉悦，是德性生命的通畅而愉悦。而朋友之间共学，互相切磋，所得到的快乐，是两个精神生命共同感发，获得了与天地万物一体的快乐。而人不知而不愠，是为君子，乃从君子之不碍性情遂通畅乐处立言。这三句话完全从性情角度讲学，当可细细玩味。

甘泉子曰："学莫大于辨志矣。志于道焉，富贵功名皆化而之道，古之人有居之者，周公是也。是故功名也者，非圣人之所弃也；富贵也者，非圣人之所恶也。不志乎道则二者皆私而已尔，又何足以与议？"

今译

甘泉子说："求学之初没有比辨明志向更重要的事情。立志向道，世间的富贵功名都会潜移默化，而被导向正道。上古能做到这一点的是周公。功名并不是圣人所要厌弃的，富贵也不是圣人所厌恶的。但是，如果不立志向道，那么富贵功名就只是人的私欲而已，还有什么是可以跟他讲的呢？"

蔡羽恐操存之狭也，问扩充之术。甘泉子曰："心体其大矣。苟操存而不失其本体，扩充之术，岂外是耶？"

今译

蔡羽担忧对于本心的存养太过狭隘，遂请教扩充本心的方法。甘泉子说："我们的本心多么的大呀！只需要去存养它而使它不丧失本然的状态，扩充的方法，难道是在本心之外吗？"

评议

这一条讲工夫集义扩充的要旨。这里湛若水强调集义扩充本心的内容，虽然是要到事上去磨炼，形式上与朱熹讲格物穷理似乎一样，但其实质不同。朱熹的做法在甘泉看来是“以事事而集之”，乃是义袭而已。因为其随事体认，但是没有本心挺立为自己主宰。在这种意义上，外在的事物虽然是锻造仁体必不可少的场所，但是本心善的扩充并不是从无到有的扩充增益，而只是一种对本心具有的善的端倪进行的唤醒与培养而已，学问思辨笃行无非是培灌的肥料。

管登问戒惧谨独。甘泉子曰：“其功一而已矣。所不睹所不闻者，道之本体也。戒慎恐惧也者，随动随静而致养焉者也。独也者，即其所不睹不闻而为言者也。慎也者，即其戒慎恐惧而为言者也。……是故动静者时也，而本体之贯乎动静者无不在也。”

今译

管登问戒惧谨独的工夫。甘泉子说：“工夫就在主一而已。所不见所不闻的是天道的本体。而所讲的戒慎恐惧，是要随动随静去致知涵养而已。所谓‘独’者，是从不见不闻这个本体上来讲的。所谓‘慎’者，是从戒慎恐惧这一工夫上来讲的。……所以，动静是从时间的角度来讲，而心的本体却是贯穿在动静之间，而无处无时不在。”

童子歌鹿鸣南山之诗[1]。甘泉子曰："心存而后可以听歌，歌可以消固滞。"

注释

［1］鹿鸣南山之诗：或是《诗经》中《小雅·鹿鸣》《齐风·南山》二诗。

今译

小孩子歌咏鹿鸣南山之诗。甘泉子说："本心存养然后可以听歌咏，听歌咏然后可以消除心中的固滞。"

歌诗终，门人问曰："斯何谓也？"甘泉子曰："诸生听斯，得无心气和平矣乎？"曰："然。""夫古之乐为养心也。今夫人之有郁也，一闻歌声，其无不舒者矣。故曰'诗可以兴'，'兴于诗'，今之君子何独于吾而疑之？"

今译

歌诗活动结束了，门生问："我们为什么要咏唱诗歌呢？"甘泉子说："你们听到诗歌之后，会不会心平气和呢？"门生回答说："是的。"甘泉子说："古代的诗乐能涵养我们的本心。人心中有郁结之气，一听到歌声，没有不舒缓的。所以说'诗可以兴'，'兴于诗'，今天的求学君子为什么要怀疑呢？”

评议

这两条讲涵泳诗歌。《论语》中孔子讲：诗三百篇，一言以蔽之，曰思无邪；又在对他的儿子伯鱼的教育内容中讲：不学诗，无以言；不学礼，无以立。儒家是讲日常情感的互动的，这需要恰当表达自己的情感。学习诗歌，是小孩子从小要学习的必修科目。每日诵咏诗歌，久而久之，则气质必然有所变化。

莫赞问：“诚敬何以别？”甘泉子曰：“诚敬一也，能敬则诚矣。”问敬。曰：“主一，一者无适也。无适，其无物乎！有物非敬矣。”

今译

莫赞问：“诚和敬如何区分？”甘泉子说：“诚和敬是一体的，能够敬便自然能诚。”又问什么是敬。甘泉子回答说：“专注于一事一物就是敬。专注，心便不会随物迁移走失。本心不会走失，便是无物的状态。心中有物就不是敬了。”

葛涧问：“敬何以和乐？”甘泉子曰：“敬者一也，一者无欲也，无欲则洒然而乐矣。”

今译

葛涧问："本心敬谨又如何能够处于一种和乐的状态？"甘泉子说："敬谨是一种主一的状态，主一便是本心没有任何私欲，没有私欲便自然洒脱和乐。"

评议

这两条讲敬体之乐。宋儒有寻求孔颜乐处的话头。所乐者是天道，所谓朝闻道夕死可矣，是也。这里是问做恭谨敬慎的工夫为什么又能达到一种和乐的状态。心体的敬谨与和乐是宋明儒都非常关注的话题。前面我们对敬的心理状态已经有了比较详尽的剖析。敬指我们的心理状态始终处于一种高度紧张的敬慎状态。而快乐的感觉，我们的日常体验则是一种心情放松愉悦的状态。所以，有这样的疑惑也属于正常。湛若水这里从没有欲望堵塞本心来解释心体的这种和乐。很明显，湛若水所讲的快乐一定不只是我们日常理解或体验到的快乐——我们平时吃一顿美食，看一场喜剧，逛商场等活动所获得的快乐感，虽然是心理层面，但是它直接导源于动物性的生理层面，这种快乐往往表现为一种体态放松、肌肉松弛的状态，自然与紧张的敬慎状态不搭边。

湛若水讲的和乐，是一种天地位万物育的天乐，即孔颜所乐之处。天地万物之本初连接是一气之流行。能流行，则是通。甘泉子曾经说：空室空木，有物生焉。空即是天地化生万物的通道，它指向的本体意向就是通畅、通遂。有了天地这一气的流通，才会有人心对天地万物的感通，其所感与所应皆从事物而来，这中间丝毫没有一点人欲夹杂，保持这种天地万物一体的最初状态，在甘泉看来，就是一体同乐——天地万物处于一种通畅、通遂的状态。所以，这种乐已经超越了所有感性与知性的快乐，而更像一种宗教式的高峰体验，一种出神的状态——精神已经游离出肉体的区限，而与天地万物同生同死，同感同寂，何其快哉！而敬体又有其无适的一面，其感与应皆由中军在主，处事应物何其简易，则自然能和乐。前面讲专注于一言一行、动作周旋的训练，纯熟则日见境界气象，其至熟者就如孔子七十从心所欲不逾矩的状态，真是不知手舞足蹈之乐。身体既是我的，但又不是我的，它是天道自然流贯到我身上的显见，其乐是我所不觉也。宜结合其他讲敬的条目来看。

或问："惩忿之难何也？"甘泉子曰："其惟一乎！在觉之而已。觉则一，一则定，定则忿息。"

今译

有人问："克除心中的愤懑很难，怎么办？"甘泉子说："克除的工夫在主一。就在知觉本心而已。本心知觉就能主一，主一就能定止，内心定止自然能够克除愤懑。

卢潮问恶恶太严之疚。甘泉子曰："是谓作恶，非太公之本体矣。"徐勖曰："哀矜之何如？"甘泉子曰："可恶恶之，吾何容心焉！"

今译

卢潮请教，疾恶如仇过于严苛产生内疚怎么办？甘泉子说：“这是作恶，并非我本心廓然大公的本体。”徐勖说：“那么，哀怜他又如何呢？”甘泉子说：“应当憎恶的时候就憎恶它，又哪里需要我的本心增添一分呢！”

谢澧问：“怒易发而难制，何也？”甘泉子曰：“怒不由己生，焉用制？”

今译

谢澧问：“怒气容易生发却很难克制，怎么办？”甘泉子说：“怒气的生发不是人为刻意的安排，为什么要去克制它呢？”

余裕问：“程子曰：‘当怒而观理之是非。’观人乎？观己也？”甘泉子曰：“理也者，心之本体也。即人可怒而又观之，怒斯已甚，是之谓迁怒。故必反观本体，迁与？否与？是故好恶在人而己不与矣。”

今译

余裕问：“程子说：‘当怒而观理之是非。’程子讲的“观”是观别人，还是观自己呢？”甘泉子：“天理是心的本体。因为别人可怒而又去观他，这时只会更加愤怒，这就叫作迁怒。所以‘观’一定是反观自己的本体，这样是会迁怒还是不会呢？所以，好恶是因为人而好恶，但是自己的本心不附与他。”

评议

上面这几条讲治情之学，即如何管理我们的情绪。儒家是性情之学，人有七情六欲，喜怒哀乐怨惧，所谓性情之学就是要情感之发处于一种得当的中正状态。情感表达关涉人与人之间关系的处理，情感所发要时刻中正实在太难。尤其是怒。

这里有几个问题：

第一，儒家允不允许怒的发生，或在各种意义上，怒是作为一种负面情绪吗？斯多葛学派也讲情感的管理，但是他们是用理性来克制情感，认为情感在修身中没有丝毫价值。但是，儒家并不这样看，《孟子》中有文王一怒而安天下的讲法，如果没有文王此怒，则生民处于水深火热之中，所以这种怒是不能消去的，相反是要培育的。湛若水也有刺一处则遍身皆不安的说法，不安就是这种怒，他见不得天地万物有一物不得其所，而要奋起承担责任，这就是正义。所以，义理之怒，是我们培养正义感的基础，我们有义愤填膺的讲法，便是如此。在这种意义上，怒就有必须存养的义理之怒，也有必须克治的血气之怒，前者不可无，后者不可有。

第二，义理之怒与血气之怒的区别和判准在哪里？所谓当怒则怒，当喜则喜；又有不迁怒，不贰过的说法。当与不当，在于怒所指向的对象。义理之怒，所怒者并不是因为自己的处境，而是指向他人的处境。为他人所遭受的不公或社会不良的风气而愤怒，这种愤怒就是义理之怒，它之所以生发与我们自己的个体利益没有关联。血气之怒，所怒者是因为自己的处境，比如因为别人对自己的误解、横加之逆、无端发怒而发怒，那么这种怒就是血气之怒，应该克治。这是当与不当的问题。而所谓迁怒，也是讲的血气之怒，它是讲因A之怒而迁移到B上，A与B既指不同的情境，也指构成情境中的人与事。湛若水有一个学生叫王庆隆，任职刑名典狱之事，但因为其所面对的常常是一些危害社会生活秩序的人，他常常会发怒。按照我们上面分析，这应该属于义怒，为什么王庆隆心中会有不安的感觉？一个“当”字，即使是义怒，也需要一个中正的状态，也就是过度与不够都是不对的，否则义怒也会变成人欲。举个例子，在审案判堂的时候，上一堂是一个杀人犯，自然怒甚，但是下一堂只是一个偷窃犯，倘若此时判刑受到上一堂情绪的影响，而对偷窃犯量刑过重，那么这就是两种义怒在程度上出现错置现象，这就是迁怒，便是血气之怒，必须予以克治。另外一种情况，当我们在单位或其他地方受到不公，却隐忍不发，回到家里却把愤怒发泄在家人身上，这就是迁怒。人往往对这种情况最难察觉，对陌生人可以很好，但是对自己至亲的人反而粗鲁野蛮。因此，这种血气之怒，更应留心以克治之。

第三，如何克治？细心的读者会发现，我们在讲斯多葛学派时用的是“克制”，制有强制之义，斯多葛不讲疏导，而是用理性一刀切，强加克制。而湛若水这里很明显不是，他以挺立本心中正，即天理进而人欲退的方法，是根本之“治”，而不是对本心的强制。这里的“一”，是指要合人我、人物为一，也就是复归天地万物一体之不容已的状态。天理日进，人欲日消，何其简易，焉用制！

杨钦问：“学欲时见吾心之生意，如之何？”甘泉子曰：“在不以己与物耳。舜、禹有天下而不与焉，不以己与之也。不

与则无所蔽，无所蔽，则常与天地万物为一体矣。”

今译

杨钦问：“为学时想要察见我心生生不息的意思，应该怎么做？”甘泉子说：“工夫在处事应物时不将自己的本心附与事物而已。舜、禹拥有天下而不与，就是不将自己的本心附与。本心不附与就不会有遮蔽，没有遮蔽，就能恒常与天地万物融贯为一个整体。”

陈论问天下归仁。甘泉子曰：“仁也者，天地万物一体者也。己克而礼复，则天地万物在我矣。”

今译

陈论问天下归仁。甘泉子说：“仁体，是天地万物一体之生生不息。克除自己的私欲，就能恢复礼仪，这样天地万物就能在我本心中呈现出来。”

蔡玘问：“敬主于中矣，其又必整齐严肃乎？”甘泉子曰：“内主乎敬，则整齐严肃见于外矣。外不整齐严肃，殆其心未之敬耳。”

今译

蔡玘问："既然我们的心体处于敬谨的状态，那么穿戴又何必整齐严肃呢？"甘泉子说："我们内在的本心处于敬谨的状态，那么外在的整齐严肃自然显现。外在的穿戴不能整齐严肃，只是因为他的本心并没有处在敬谨的状态。"

评议

这一条讲内外之敬。外面穿戴要整齐严肃，这是从程颐、朱熹那里开始对敬的解释。甘泉对此也接受。但他认为内心处在敬谨的状态，外在才能生发出肃气，否则穿戴也只是一副皮囊，内外一如也。

史鹓问："省言词以制烦躁，则何如？"甘泉子曰："可以为难矣，学则未要也。苟能收放心，体天理，然而烦躁者，寡矣。"

今译

史鹓问："通过不说话来克制烦躁的情绪，怎么样？"甘泉子说："这样做会很勉强，作为为学工夫就还没有得到要旨。如果能够收敛放荡的心，体认天理，这样还感到烦躁的人就会很少。"

杨东熙问："名利、货色，私欲之大也，必先克去之，何如？"甘泉子曰："然。然而所谓克者，匪坚制尔也，其惟进天理乎！天理日明而人欲日隐，天理日长而人欲日消，是之谓克。"又问："己不克，安能见理？"曰："未体天理，焉知人欲？未能如好好色，焉能如恶恶臭？夫惟仁可以胜不仁，而见大可以忘小。故曰：'好仁者，无以尚之。'否则富贵功名之于欲大矣，孰能小之？"曰："体天理如之何？"曰："今夫人之起念于躯壳也，即无往而非私，知物我之同体，则公矣。公也者，其天理乎！"

今译

杨东熙问："名利、货色，都是人最大的私欲，必定要先克除它，是这样吗？"甘泉子说："是这样。但是我讲的克除，并不是克制，只是挺进天理而已！这样天理日渐昌明，而人欲日渐隐退，天理日渐增长，而人欲日渐消失，这就是所谓的克除。"又问："己私不克除，又怎么能够察见天理？"回答说："没有体认天理，又怎么能够察知人欲？如果不能像喜爱美好的事物那样体认天理，又怎么能像厌恶恶臭那样克除人欲呢？只有仁才能够胜过不仁，只有见天理之大，才能忘人欲之小。所以说：'好仁者，无以尚之。'如若不然，富贵功名对人欲来讲是其大者，谁又能够小看它？"又问："怎么样体认天理？"回答说："如果人们在自己的躯壳上起念，那么这些念头没有不是私欲的，如果知道天地万物与我是一个不可分割的整体，那么便是廓然大公。廓然大公，就是天理！"

评议

甘泉认为，心体一旦被物欲侵袭，其天地万物一体之性就会被戕害，而丧失其生意、生机。然而，现实人性又常常受到物欲的遮蔽，因此要恢复吾心之生意就必须下一番寡欲的工夫。甘泉认为去欲、寡欲工夫并不是一种“强制性”的搜刮，而是在涵养心体、体贴“物我同体”之天理中实现的，“先立乎大本则自去矣”。并不是在涵养心体之外还另有一个去欲、寡欲的工夫。“先立乎大本”就是要存心，“古之学者以存心为本，存之又存，入圣之门”，这就是要存养自家生生不息的生意。如何存心？甘泉认为存心之法门或规矩是勿忘勿助之间，“存心于勿忘勿助之间，则人欲彻去，天理长存，而寂然感通之体自在”。寂然感通之体自在则生意涌动，跃如卓尔，参前倚衡，而性之本体自然呈露。

徐世礼问：“孝弟为仁之本，何谓也？”甘泉子曰：“仁也者，吾心之生意也。孝弟也者，又生意之最初者也。察识培养，推其爱以达于其所不爱，推其敬以达于其所不敬，而仁洽天下矣，而谓有子之支离。异哉！象山之惑也。”

今译

徐世礼问：“孝悌是仁德的根本，这是什么意思呢？”甘泉子说：“仁德是吾心生生不息的意思。孝悌，又是这生意的最初萌发。察识培养这一点生意，推扩对父母亲的爱而及于其他人的父母亲，推扩对兄长的恭敬而及于其他人的兄弟。这时仁意就能充盈天下，而说有子支离，这是错的，是象山的疑惑罢了。”

评议

在甘泉看来，“性”是心之生理，它是天地万物一体之生意在人身上的落实，是道德力量的根源，但是这“性”具生意而未发，等到生意萌发的时候即表现为“心”，这个“心”是一个道德心。这个“心”即是一团与天地万物一体之生意。在此意义上，甘泉所讲的心体万物而不遗，只不过是让心这天地万物一体之生意得以畅遂、流动，完全实现出来。在甘泉看来，生意之萌发即表现为孟子所讲之“四端”，即恻隐之心、羞恶之心、辞让之心、是非之心；与此同时，仁、义、礼、智也在这一生意的萌发中得以分别。四端之中，恻隐与羞恶二端更为基本。“仁也者，吾心之生意也”的“仁”是朱子“仁包四德”意义上的“仁”，它泛指伦理生活中的各种德目。孝是爱亲、弟是敬长，它们对应四端中的恻隐与羞恶二端，也对应四德中的仁德与义德。无论如何，这些德性都是“可欲之善”，它们都是充满“生意”的种子，只是还没完全实现出来，必须予以扩充。

门人问：“学何为？”甘泉子曰：“人之一身，其天地之身与！其父母之身与！故不学则不能省天地，不仁耳矣。不能全归父母之所生，不孝耳矣。不仁不可以为人，不孝不可以为子。”

今译

门弟子问：“为什么要求学呢？”甘泉子说：“人的身体，就是天地的身体！就是父母亲的身体！所以，不求学就不能省察天下，就是不仁的表现。不能保全自己像父母生育自己时一样，就是不孝的表现。不仁不可以做人，不孝不可以为人子女。”

南香山湛子洞摩崖石刻

新泉问辩录[1]

石简一日与周用宾论祭义，曰："天地以生物为心，而用牲，何也？岂真所谓万物之蠹[2]也乎？"用宾不答，久之曰："血食[3]也。"又曰："此等处须于二十年后当自得之，某亦求之二十年始得。"简惑焉。

天地春生秋杀，圣人仁育义正，皆是天理流行，阙一不得。好生者，仁也；用之以供宾祭[4]者，义也；取之以时，用之以节，而远庖者，义所以存其仁也。若复不用牲，则梁武帝以面为牺牲者，果得尽仁义之道乎？好生者，天地之心，然天地之性，人为贵，仁之中有义存焉。释氏不杀牲，然不能不食五谷，五谷亦生也，岂为能充其类也乎？仙人谭景升论杀生云："吾疑自古无君子。"误矣。

注释

［1］"新泉问辩录"题名，据四库存目丛书《湛甘泉先生文集》卷八，"辩"作"辨"；且因版本不同，第二段文字差异较大，特此说明。全书此条的混用，不强作统一。［2］蠹：蛀蚀器物的虫子。［3］血食：享用祭品。古代杀牲取血以祭，所以叫血食。［4］宾祭：招待贵宾和举行大祭。

今译

某天，石简跟周用宾讨论祭祀的仪制，石简说：“天地无心，以生物为心，但祭祀时却要牺牲（它们），这是为什么呢？难道它们在天地万物链条中处于最末端的存在吗？”用宾起初没有回答，随后才说：“它们是祭祀时鬼神所享用的食物。”用宾又说：“这个道理要二十年后才能体贴到，我也是经历二十年才体贴到的。”石简听完很困惑。

甘泉子说：天地春天生发、秋天肃杀，圣人用仁德化育万物，用正义纠正得失，都是天理自然流行，两者缺一不可。天地爱惜生物，这是天地的仁德；用食物宴请宾朋，祭祀宗社，这是天地的义德；而对生物取用有时令、有节度，远离厨房，这是义中有仁的表现。不用动物做祭祀的祭品，难道梁武帝用面食作为祭祀的祭品，这就真的尽了仁义的道理吗？爱惜生物，这是天地的好生之心，而在天地生生之性中，人是最为尊贵的，这是天地的仁心中存有义的表现。佛教不杀生，但是他们不能不吃五谷，五谷也是生物呀，我们难道能够把它们也扩充成我们一类吗？仙人谭景升谈论杀生说：“我怀疑自古以来就没有君子。”这是错的。

评议

这一条是湛若水处理牺牲结构中的动物伦理问题。学生的问题是上天有好生之德，为什么我们在祭祀的时候要用动物作为牺牲献祭？难道它们在天地万物一体的链条中没有存在的价值吗？

关于牺牲的问题，《孟子》有“以羊易牛”的故事。齐宣王坐于堂上，堂下有人牵一牛经过，齐宣王见到牛的眼角噙着泪水，心有所动，就问底下的人这牛要去哪里。手下人回答说将要去做衅钟的礼仪。齐宣王说将牛放了。但是衅钟的礼仪还是要进行，怎么办？齐宣王说那就把牛换成羊吧。齐宣王同情牛的遭遇，见其生而恶其死，但我们要反问一句：牛不该死，那无辜的羊就该代替牛去死吗？以羊易牛背后的逻辑在哪里？

这是因为齐宣王看到了牛而没有见到羊。依湛若水的看法，动物是有视听知觉的，它们能够感受到快乐和痛苦。我们与动物一气相通，齐宣王释牛以及门弟子的疑惑，都是因为这种“一体”的本体关联，我们对动物所遭遇的痛苦能够有切身的感受。我们也有痛感，湛若水将这种状态描述为刺一处则遍身皆不安，刺痛即是一种身体感受，生理的感受遂即转化为道德上的不安，这个过程首要的是“见”。我们对不在眼前的事物总是不容易为其挺身而出，我们必须对自己的道德想象力持续训练，方可与其有同感。

但是，事情远不止于此，君子远庖厨，祭祀的牺牲虽然不需要亲身准备，如果只在于见与不见，那么不见时的心安是否只是修身工夫不纯熟，它不是天理，而是人欲？当然不是。祭礼的牺牲扮演一个什么角色？伊利亚德在其《神圣与世俗》一书中，对神圣的显现有深刻的描述。人类对世界的探知总是以自己的身体作为原点，以其作为未知的、混沌的外部世界的一种秩序化。未知是无序的，它的秩序意味着新生。绵延的无序发生断裂，意义即产生，而仪式就是从无序到有序的断裂。

仪式中的血食，祭司通过血（气血）、烟气而与天地神灵发生感应，众人狂欢。世俗的世界要与神圣世界发生关联必须要有通道，在湛若水这里，通道即是气。所以，年复一年的祭祀仪式，不过是重新唤回生命的重生，使得秩序的意义再次显现。所以牺牲是必要的，它是为了天地万物一体存在链条中更大的正义。在这种意义上，湛若水讲的天地之仁一定是在仁与义之间。

天地春生秋杀，春生即仁，秋杀即义。这是天地之仁中存义。在以“我”为原点之存在链条，其扩充亦有其次第，这就是费孝通在《乡土中国》中讲的“差序格局”，我们爱（仁）的扩充一定是从至亲切近者开始而向陌生人再向动物、植物、无生命物而依此发生。这是以湛若水所赋予的人的貌、言、视、听、思五种能力，而不同物的能力依次减弱为根据的。

在面对牺牲而做出的选择中，一定是在成全更大的正义的前提下，不那么切近地成为切近者的牺牲。祭祀之礼，所维系的是人类社会的礼俗秩序，它是更大的正义。当然，我们亦不能以更大的正义为名义而伤害其他生灵，人暂且不说，对于动物，则是要以时以节。天生万物，供人取用，这是上天之仁德，是自然界存在链天然之秩序，而取用以时以节，不竭泽而渔，则是敬畏大自然、感恩大自然之举。所以，湛若水也据此反问佛教，难道植物就没有生命吗？只是在天地之仁中存义，在天地之义中见仁。

良知事亦不可不理会。观小儿无不知爱亲敬兄，固是常理，然亦有时喜怒不得其正，恃爱打詈其父母，紾兄之臂而夺之食者，岂得为良知？不可全倚靠他见成的，亦须要教。故古人在胎中已有教，始生至孩提以往，皆有教有学以扩之。孟子为此言，不过提出人初心一点真切处，欲人即此涵养扩充之耳，故下文曰“达之天下”。达者，涵养扩充之谓也。学、问、思、辨、笃行皆是涵养扩充功夫。今说致良知，以为是是非非，人人皆有，知其是则极力行之，知其非则极力去之，而途中童子皆能致之，不须学问思辨笃行之功，则岂不害道？子等慎之。若云致良知亦用学问思辨笃行之功，则吾敢不服。

今译

良知事不可以不去理会它。我们看小孩子，没有不知道亲爱自己的父母、恭敬自己的兄长的。这固然是常理。但是有时候也会有喜怒不得其正的时候，依仗着父母对自己的爱而打骂父母，或者推开兄长的手臂夺取他的食物，这些行为难道也是良知的表现吗？所以，不可以全部倚靠我们每个人现成的良知，还是要去教他们。古代在（妇女）怀孕的时候就已经有胎教了，从小孩降生到长大，都是通过教学来扩充他良知的内容。孟子所说的良知良能，只不过是提出了人初心的一点真切处，想要人们以这点初心作为起点去涵养扩充它而已，所以下文还有“达之天下”的说法。所谓“达”，就是涵养扩充的意思。学问思辨笃行都是涵养扩充的工夫。现在有讲致良知的，认为人人都有判断是非对错的能力，而且知道对了就会尽全力去做好它，知道错了就会尽全力去克除它，甚至就连路上的小孩子都能够致良知，而不需要做学问思辨笃行的工夫，这种观点难道不是贻害正道吗？你们且要谨慎呀！如果说致良知也需要用学问思辨笃行的工夫，那么我不敢不服。

评议

湛若水在文章中集中讨论良知、良能的概念，他的假想敌是王阳明的致良知教法。甘泉也讲良知、良心，但是他将孟子所讲的“良知”解释成“人初心一点真切处”，而认为《孟子》文本中首要在下文“达之天下”的“达”字上面。初心，就是孟子所讲四端之心的端倪，只是一个善的发端而已，它只是本心中那一点依稀暗弱的成善力量；而“达之天下”讲的则是工夫的涵养扩充，没有“达”的工夫，那么连那点几希之光也会最终熄灭。所以，甘泉所强调的是“教”与“学”对这一点成善端倪的灌溉。

他甚至还讲到了胎教的问题。孩提无不知爱亲敬兄，并不是天生，也是教与学的结果。在现实生活中，我们也常会观察到孩童会“恃爱打骂自己父母，抢夺兄长手中食物”的现象，这就证明所谓“现成的良知”并不可靠。因为人们很容易会将自己本心的安与不安作为良知的准则，这往往会将个人的道德经验转变为群体的道德经验，而使之出现师心自用的陷阱。所以，甘泉将“良知”二字分拆，认为只有“知之良”才是良知，而这个知就是前文我们讲的“德性之知”，也就是天理。只有体认得天理，才是真正的良知。否则，那所谓的“良知”只是一个空空的“知”，只空有一个“良”的形式，而没有任何实质性的内容，而这内容的获得，则必须通过学问思辨笃行等为学工夫进行涵养扩充。

润问：“致良知亦自好，如知得未见天理，即体认而求见之；知得天理已见在，即操存而涵养之；知为物欲牵引，即提醒此心而消除之；知得志气昏惰，即打起精神而植立之。果能一日之间，每每如此知得，亦每每如此致去，即无时无处非体认天理之功矣。然否？”

知字是吾心虚灵之本体，安可无得？《洪范》：“思曰睿，睿作圣。”《中庸》：“聪明睿知，足以有临也。”又曰：“聪明圣知达天德。”予尝谓：“知圆如天，行方如地，天包乎地，知通乎行。”又曰：“圣人之学，恒知而已矣。”知安可一时无之？但要察见天理，便可谓之良知。致之之功，非学、问、思、辨、笃行，不能见其天理之正而存之也。不然，则但云“聪明圣知”便了，如何又云“达天德”？天德即天理也。今谓知得是便

行将去到底，知得不是便除去到底，而不用学、问、思、辨、笃行之功，未免或非良知。

今译

学生润问："致良知也只是自己好之（自洽），比如知道自己没有察见天理，就会自己去体认察见天理；知道天理已经显现出来，就会去操存涵养天理；知道本心会被物欲牵引，就会去提醒本心消除物欲；知道我们的志气容易昏惰，就会打起精神挺立自己。如果真的每天都能这样'知'得，然后又能一一落实，这就无时无处不是体认天理的工夫，是这样吗？"

甘泉子说："知"是本心虚灵的本体，我们怎么会没有呢？《洪范》说："思曰睿，睿作圣。"《中庸》说："聪明睿知，足以有临也。"又说："聪明圣知达天德。"我曾经说过："知圆如天，行方如地，天包乎地，知通乎行。"我还说过："圣人之学，恒知而已矣。"知怎么会有一刻不存在呢？但是知要察见天理，才可以把它称作是良知。致良知的工夫，如果没有学问思辨笃行，就不能察见天理的中正并且存养它。如果修习的工夫不是这样，那么《中庸》只需要讲"聪明圣知"就可以了，为什么还要讲"达天德"呢？《中庸》的天德就是天理的意思。现在有人说我们觉得它是对的，就去做它，觉得它是不对的，就不去做它，而不需要用学问思辨笃行的工夫，这样我们的所知有时就并不是良知了。

评议

这篇是关于湛若水与学生讨论阳明的致良知教。弟子从知行合一的角度去解读致良知教，即得知是善便自然而然去做到底，得知是不善便自然而然去彻底革除。主要发挥了阳明的致良知教中“致”的含义。湛若水则认为“知”是心之本体，即其本然状态，只要是一个正常人，他就不可能没有知，不可能没有思维的能力。“良知”二字的重点不在于“知”字，而在于“良”字，这必须在于察见天理而后良知才能显见。如前所说，湛若水认为致良知的工夫不在于得知是善去做，得知是恶不去做，其关键在于你如何能判定你知的善是真善，知的恶是真恶。所以，这个“知”的过程必须脱离个体的经验，而且要诉诸人类社会的公共经验。在这个意义上，湛若水强调致之的工夫，必须是学问思辨笃行，不断学习。在这一条中他列举了很多经典中的话语予以佐证，一方面是古圣先贤的观点只是先于我们有所觉悟而已，另一方面，也是湛若水在体悟学习经验时与经典的互相参证。这是古代悟道体验中常有的举动，阳明在龙场悟道后不也反求五经以证其所悟吗？

舜臣窃谓：“正应事时，操存此心在身上作主宰，随处体认吾心身天理，真知觉得吾心身生生之理气，所以与天地宇宙生生之理气吻合为一体者，流动于腔子，形见于四体，被及于人物，遇父子则此生生天理为亲，遇君臣则此生生天理为义，遇师弟则此生生天理为敬，遇兄弟则此生生天理为序，遇夫妇则此生生天理为别，遇朋友则此生生天理为信，在处常则此生生天理为经，在处变则此生生天理为权。以至家国天下、华夷四表[1]、莅官行法[2]、班朝治军、万事万物、远近巨细，无往而非吾心身生生之理气。根本于中而发见于外，名虽有异，而只是一个生生理气，随感顺应、散殊见分焉耳，而实非有二也。即此便是义以方

外之功，即此便是物来顺应之道，而所行天下之达道者在是。未审是否？”

如此推得好。随处体认以下，至实非有二也，皆是。可见未应事时只一理，及应事时才万殊，《中庸》所谓“溥博渊泉而时出之”正谓此，后儒都不知不信，若大公顺应敬直义方，皆合一道理。

注释

［1］华夷四表：四表，指四方极远的地方，也泛指天下；华夷，指汉族与少数民族。［2］莅官行法：到任做官执法。

今译

陆舜臣说：“应事接物的时候，操练存养我们的本心在身上做主宰，随处体认我身心中流动的天理，真正知觉到我身心中生生不息的理气，是和天地宇宙生生不息的理气混为一体，从我们的内在开始流动，到我们外在的四肢，再到我们日常生活所应接的事物。这生生不息的理气在父子的关系中就显现为亲爱，在君臣的关系中就显现为忠义，在师生的关系中就显现为恭敬，在兄弟的关系中就显现为齿序，在夫妇的关系中就显现为差别，在朋友的关系中就显现为诚信，在处理日常事务中就显现为常道，在处理突发事务中就显现为权变。直至家国天下、华夷四表、做官执法、领军带兵、万事万物，没有不是我们身心生生不息理气的流行。它根植于本心的中正而生发出来，名称虽然有所不同，但都只是一个生生不息的理气流行。根据对不同事物的感应，它的显现有所不同，但是它们并不是两种不同的事物。做到这个就是义以方外的工夫，就是物来顺应的道理，也就是我们所能行走天下的坦途。不知道是不是这样？”

甘泉子说：你的推演非常好！从“随处体认”以下，到“实非有二”，讲的都对。可以这样说，本心还没有应事接物的时候只是一个天理，等到它感应事物的时候才显现出不同的差异。《中庸》所讲的“溥博渊泉，而时出之”就是这个意思，只是后来的学者都不知道这个道理，不相信它而已。大公顺应和敬直义方，两者是合一的。

评议

这一条是讲心体流行化育。陆舜臣对随处体认天理的理解十分生动到位。心为身之主宰，所体认的天理，并非外在之物理，而是吾身心一如之天理。这个天理又不是一个死理，乃是吾身心生生不息之天理，也就是生理。这一个生理乃是从天地生生不息之理气流贯下来，从我们的身体到四肢，一直到我们所遇见的形形色色的外在事物。又再结合“物来而义生”，如何随处体认而差别之义自然生，也自是天地生生不息之理气的流贯。遇见父子关系，那么吾身心生生不息之理气自然变为“亲”的德性；遇见君臣关系，那么吾身心生生不息之理气自然变为“义”的德性；如此类推，在不同的伦理生命场景中，随吾身心之所遇，则吾身心生生不息之理气则自然而然变为“敬”“序”“别”“信”“经”“权”，甚至典章制度、万事万物也无非是这一生生理气的流行化育。随感随应，何其简单！这一推演，则将天地万物一体的整个因缘脉络在“生生”这一关键词中得到统一。整个宇宙世界的图景、整个伦理生活的样式，无不是一幅盎然生意、蓬勃生机的景象！儒家的宇宙观何其乐观！

一友问："察见天理，恐言于初学难为下手。"冲答曰："夫子之设科也，中道而立，能者从之。天理二字，是就人所元有者指出，以为学者立的耳，使人诚有志于此，而日加体认之功，便须有见；若其不能见者，不是志欠真切，便是习心[1]障蔽。知是志欠真切，只须责志；知为习心障蔽，亦只责志，即习心便消而天理见矣。"

天理二字，人人固有，非由外铄，不为尧存、不为桀亡，故人皆可以为尧舜，途之人可以为禹者，同有此耳。故途之人之心，即禹之心；禹之心，即尧舜之心；总是一心，更无二心。盖天地一而已矣，《记》云："人者，天地之心也。"天地古今宇宙内，只同此一个心，岂有二乎？初学之与圣人同此心，同此一个天理，虽欲强无之又不得。有时见孺子入井、见饿殍、过宗朝、到墟墓、见君子，与夫夜气之息、平旦之气，不知不觉萌动出来，遏他又遏不得。有时志不立，习心蔽障，又忽不见了，此时节盖心不存故也，心若存时，自尔见前。唐人诗亦有理到处："终日觅不得，有时还自来。"须要得其门，所谓门者，勿忘、勿助之间便是中门也，得此中门，不患不见宗庙之美、百官之富，责志去习心是矣。先须要求此中门。

注释

[1] 习心：通过耳闻目见所得到的念虑，跟良知良能相对，属于经验层面的概念。

今译

有一个学友问："察见天理的工夫，对于初学者来讲，恐怕很难下手操作。"周冲回答说："甘泉师设教，只是一个中道，愿意为学的人自然会追随他。天理，是人本身就具有的，用来为学者设立一个为学的目标而已，让人能真正立志求学，每天都用体认的工夫，因此必须能够察见天理。如果他不能够察见天理，不是立志不够真切，就是被习心蒙蔽。既然知道立志不够真切，那么就只需要去责志；既然知道被习心蒙蔽，也只是需要去责志，这样习心就逐渐消失而天理自然而然显现出来。"

甘泉子说：天理是我们每个人先天就具有的，并不是从外面赋予的。它不会因为尧而存在，也不会因为桀而消失，所以每个人都可以成为尧舜，路人也可以成为大禹。这是因为我们先天都具有天理。路人的心，就是大禹的心，大禹的心就是尧舜的心，它们只是同一个心，没有两个不同的心。这是因为天地万物一体而已。《学记》说："人者，天地之心也"，就是这个道理。天地古今宇宙之内，只是同一个心，难道还有两个不同的心吗？初学的人和圣人也是同样一个心，同样一个天理，即使想要强迫去除它，那也是不可能的。这颗心在我们见到小孩子掉进井里，见到饿死的尸身，路过宗庙、墓地，见到君子，以及深夜和凌晨的天地之气的时候，它自然而然就会萌动出来，想要遏制也遏制不了。有时候我们的志向不能挺立，或者被习心蒙蔽了，它又突然显现不出来，这只是我们不能存养本心而已。当本心能够存养，天理自然显见。唐人的诗也说："终日觅不得，有时还自来"，讲的就是这个道理。所以学者需要知道入学的门径。我所讲的门径，就是做勿忘勿助工夫，做了就能得到入学的中正之门。进了这个中正之门，就不愁不能见到宗庙之美、百官之富，只是去责志克除习心而已。我们要先进入这个中门里面。

日昨孚先以长至在迩，作饭会。席间因讲复其见天地之心，冲谓诸友云："人心本自坦坦平平，即所谓天地之心，不待复而后见也。圣人见人多迷而不复，恐其灭绝天理，不得已又就其复处指点出来，欲令人便循着扩充将去也。吾辈若能守得平坦之心常在，即不消言复，只怕无端又生出别念来耳。故颜子'克己'，只是不容他躯壳上起念。"诸友以为然，如何？

冬至一阳初动，所谓来复时也。天地之心，何时不在？特于动复时见耳。人心一念萌动，即是初心，无有不善，如孟子乍见孺子将入于井，便有怵惕恻隐之心，乍见处亦是初心复时也。人之良心何尝不在？特于初动时见耳，若到纳交要誉恶其声时，便不是本来初心了，故孟子欲人就于初动处扩充涵养，以保四海。若识得此一点初心、真心便是天理，由此平平坦坦持养将去可也。若夫"不消言复"一语，恐未是初学者事，虽颜子亦未如此道。颜子犹不远复，毋高论，要力行实地有益耳。

今译

昨天孚先他们组织饭会，席间大家一起讨论"复见天地之心"这一话头。周冲就跟学友们说："人心本来坦坦平平，这个心就是天地之心，不用等到阳气'返复'才能察见。圣人因为看到很多人迷惑而不知道返复本心，担心他们先天具有的天理灭绝了，才不得已在'返复'上指点为学，想要让人能好好依循它扩充我们的本心。我们如果能够持守住那颗平平坦坦的心，让它常常显现，就不用刻意讲求'返复'，因为可能会担心从中无端生发出其他念虑来。所以颜子讲'克己'，只是不让学者从自己的躯壳上起念。”学友们觉得周冲讲得好，先生以为呢？

甘泉子说：冬至的时候阳气萌动，这是所谓阳气“来复”的时候。天地之心，什么时候不在呢？只是在萌动、返复的时候容易显现。人心的一念萌动，就是初心。初心没有不善的，如孟子乍见孺子即将掉进井里，就会萌发恻隐之心，“乍见”处就是初心返复的时候。人的良心又何尝不在呢？只是在初心刚刚萌动的时候容易显现。如果想要救掉入井里的小孩是因为认识他的父母亲，或者是想要得到邻里的赞誉，或者是因为小孩吵闹的哭声，那么救人的这个心就不是本来的初心了。孟子是想要人从这个初心萌动处去扩充涵养，而最终保育四海。如果察识到这一点初心、真心，这就是天理，然后就从这里平平坦坦去做持养工夫，就可以了。但是，周冲讲“不消言复”这句话，恐怕不是初学者应该做的事情，即使是颜子，也未必会这样说。颜子仍然不远复，做工夫不要高谈阔论，要身体力行才有益处。

盘问：“日用切要功夫，道通曰：‘先生之教，惟立志、煎销习心、体认天理之三言者，最为切要，然亦只是一事。’每令盘体而熟察之，久而未得其所以合一之义，敢请？”

此只是一事。天理是一大头脑，千圣千贤共此头脑，终日终身只是此一大事，更无别事。立志者，志乎此而已，体认是功夫以求得乎此者，煎销习心以去其害此者。心只是一个好心，本来天理完完全全，不待外求，顾人立志与否耳。孔子十五志于学，即志乎此也。此志一立，三十、四十、五十、六十、七十，直至不踰矩，皆是此志变化贯通，只是一志。志如草木之根，具生意

也；体认天理，如培灌此根；煎销习心，如去草以护此根，贯通只是一事。

今译

王盘问："日常生活中的切要工夫，道通说：'先生教人，有立志、煎销习心、体认天理三种工夫，但最切要的工夫只有一个。'他经常让我体贴而熟察，但我体贴很久，却没有得到所以合一的道理，请问应该怎么办？"

甘泉子说：这三种工夫只是一事。天理是一个大头脑，千圣千贤共此一个头脑，终身终日也是做这件事，没有其他事情。立志，只是立志向天理，体认是工夫，用来求得天理，而煎销习心是用来克除戕害天理的私欲。本心原来只是一个好心，天理本来是完完全全，不需要从外面求取，只是看人立不立志而已。孔子十五岁立志向学，就是立志向天理。这个志向一旦挺立，三十岁、四十岁、五十岁、六十岁、七十岁，一直到随心所欲不逾矩的状态，都是本心这一志向的变化贯通，只是同一个志向而已。志向如同草木的根部，具有生意；体认天理，就是培灌一具生意的草木根部；煎销习心，就像除草来保护这具生意的根部一样，三者贯通起来只是一件事而已。

评议

立志、责志，在湛若水的工夫论系统中处于第一环。志，是心之所向，它本来就没有一个价值上的判断。心之所向可以是入圣学之门，也可以是别子为宗，"认贼作父"。故甘泉在《大科书堂训》中开篇即是辨志，此辨明儒释。而进入儒门，也需辨志，此辨明为己之学与为人之学。志向犹如圣学之根基，若从天地万物一体之生意看，此志乃是具生意根部之破土而出，从发芽而枝繁叶茂而果实累累，都是生意一以贯之。孔子从十五而志于学，到三十而立，四十而不惑，五十而知天命，六十而耳顺，七十从心所欲不逾矩，贯穿孔子一生德性生命之成长，皆在于十五所立之志向上，并从那时起便没有一刻丧失这个志向，在做任何事情中都没有忘却这个志向，所以，立志、责志工夫不能够有须臾的停止。

周孚先论读书，徐最谓："读书时，心如明镜，照之而已。"孚先云："此顺万事而无情也，谓不以己意着之也。窃恐读书时，还须身心俱到书上，方看得一段道理出来，若只如明镜照之而已，未免有悠悠不切、草草不精之弊。"

吾示学诗正说读书一事，可玩。此事最难，亦最紧要，此事通了，事事皆通；若此事不通，则事事皆窒，故吾于此务要人打通这关，方有入头，心事合一处也。诗云："方其未读时，天君自俨如；及其对书册，万象涵太虚。是谓以我观，勿以此丧志。"以镜照物，则妍媸自见，譬如以太虚涵万象。若一一着在书册上，是以镜掩在物上，又安得虚明？又安得照？

今译

周孚先谈论读书的方法，徐最说："读书的时候，心就像明镜一样，只是去照物而已。"孚先说："这是本心顺应天地万物，没有一己之私的情感，它只是不用自己的私意去着物而已。我认为读书的时候，还需要整副身心都投入到书籍上面，这才能读懂其中的道理，如果只是像明镜照物一样，未免有慢慢悠悠不急切、粗糙不精要的弊端。”

甘泉子说：我写的《示学诗》正是说读书一事，你们可以细细玩味。读书这件事最难，也最要紧。这件事如果通透了，其他事情也就通透了；如果不通透，那么其他事情也不能通透。所以我才要求学者一定要打通读书这一关卡，这样求学才有了入学的门径，这是心与事合一的地方。《示学诗》如此说：“方其未读时，天君自俨如；及其对书册，万象涵太虚。是谓以我观，勿以此丧志。”镜子本来灵明，以其灵明照物，来应事物的美丑自然而然在镜中显见。这就好像天空虚空，而能囊括天地间的万事万物。如果我们的身心都执着在书册上面，这就像把镜子盖在事物上面一样，又怎么能够保持本心的虚灵明觉呢？这又怎么能够照物呢？

津问：“为学紧要是克己，克己莫善于养知，何也？知是心之本体，本体常觉，己安从生？己私之生，缘不自觉也，然亦却自有发见不可泯灭时，如乍见孺子入井恻隐之类，乃良知也。只要知皆扩而充之，扩充不息，即本体愈自精明，一有私意，即便知觉，自然容它不得，所以颜子有不善未尝不知，知之未尝复行，功夫全在养知上用。然乎否也？”

恻隐之类，乃良知也，本体知觉，非良知也。所谓养知，非是只养他这一点灵觉知识，乃养其所知之实理，程子曰：“养知莫善于寡欲。”欲乃害天理者也，克己即所谓寡欲也，而吾子以“克己莫善于养知”，盖有间矣，识得此理，扩充之功在学。

今译

津问："为学最重要的是克除私欲，而最好的办法是培养涵养知觉，这是为什么呢？既然知觉是心的本体，本体恒常觉醒，私欲又从哪里萌生出来呢？私欲萌生，是因为本心不能自我觉醒。本心虽然不能始终处于觉醒的状态，但是它也有自我发见而没有泯灭的时候。这就像《孟子》所讲的，突然看见小孩掉进井中而生发的恻隐之心这一类，它们就是良知。只要是良知，就要去扩充它。不断去扩充良知，那么本心就会愈来愈精妙明应，一旦察觉有私欲萌发，它就会自我警醒，自然也就容不得私欲存在。所以颜子从来不会不知道做得不对的事情，他知道自己做得不对了，也就从来没有再犯过同一个错误，他的工夫全部都在涵养知觉上。这样理解对吗？"

甘泉子说：恻隐之心这一类道德情感，确实是良知，但是本心的知觉能力，却不是良知。我所讲的"养知"，并不只是去存养那一点灵明知觉所获得的知识，所存养的是我们体知到的天理，程颢说："养知莫善于寡欲。"人欲是戕害天理的东西，克己就是寡欲，而你所讲的"克己莫善于养知"，这中间的义理还不是那么通透，体认这个道理，就知道扩充的工夫在于学习。

评议

知觉是一种能力，它是我们本心始终保持活动的能力。而我们所获得的知识有两种类型，分别为：穷索之知和德性之知。甘泉所讲的养知工夫，存养的一定是我们的德性之知。因为良知的"良"就是指向天理的层面，它不是去存养知觉的能力，而是存养天理。

刘心问明道云："见理后须放开。"看来未见理时须如何做？莫先紧着一步，待见得此理有据处，始可涵泳自适。不然，初学将甚么放开？恐无以为之地也。明道又云："开又近于放倒，故有礼以节之；守几于不自在，故有乐以乐之。"此便是勿忘勿助，何不辟头以此教人？乃云"见理后须放开"，何也？

学者紧要勿忘勿助体认天理，若真见得天理亲切，则自廓然大公，而广大高明之本体自复，即所谓"放开"，非谓见理之后，又有所谓放开也。若如此说，却又看小了天理也。圣人川上之叹，即此便是道理。程夫子谓其要在谨独，此是切实用功处。

今译

刘心求问程明道先生说的"见理后须放开"的含义。当我们还没有察见天理的时候，又应该怎么做呢？难道不是先做敬谨的工夫，等到察见天理的时候，工夫才能有所依傍，才可以涵泳本心，而使本心自适、自洽。如果不这样做，那么对于初学入门的求学者来说，又是要放开什么呢？这样本心恐怕就没有依傍的根据。明道又说："开又近于放倒，故有礼以节之；守己于不自在，故有乐以乐之。"这就是勿忘勿助工夫，明道先生为什么不一开始就用这个来教人？而讲"见理后须放开"，这是为什么呢？

甘泉子说：求学者最紧要的是做勿忘勿助的工夫去体认天理。如果真的体见到天理，会感到自然亲切，自然就会廓然大公。广大高明的本体自然就会返复，这就是明道所讲的"放开"，不是说体见到天理之后，才去"放开"。如果这样理解，那么就小看了天理了。孔圣人川上的逝水之叹，就是这个道理。程子说工夫要慎独，这是切实用工夫的地方。

评议

这一条讲见理之后如何做。学生认为察见天理之后，存养天理，而能够悠游自适，这样才能放开自己，使自己至虚洒落。然而甘泉子认为如果这样看，则把一体、一段工夫，变成了几轮、几段工夫，所以他认为如果我们察见得天理亲切，那么本心自然能放开，不是察见天理后又另立一个放开的心，这样就不是一体，而是二分了，这两个工夫在时间上能延绵。

徐最问："乾九三：'君子终日乾乾。忠信以进德。'宜无往非诚也。而又曰：'修辞以立诚。'何与？"

修辞即是谨言。言，心声也，与心相通。而最易躁妄难禁者，莫过于言，故圣人每每于此致意焉。告颜子以"非礼勿言"，告司马牛以"仁者其言也讱"，张横渠亦云："戏言生于思也。"故君子终日乾乾，虽无往非诚，而此尤为紧关。才妄言时，心已不诚，才有谨言之心，即是诚也，即是践履实地，故曰"居业"。不然，圣人何故如此谆谆欲人谨言？又不是要谨得言语来，令好看好听也。

今译

徐最问："乾卦九三说：'君子终日乾乾。忠信以进德。'当然没有什么不是真诚的。但又说：‘修辞以立诚。’这是为什么呢？”

甘泉子说：修习言辞之学就是对言语谨慎。言语，是心的发声，它与我们的本心相通。但是，世上最容易烦躁而难以遏止的，就是言语，所以圣人常常在这个地方发挥。告诉颜子要“非礼勿言”，告诉司马牛要“仁者其言也讱”，张横渠也讲：“戏言生于思也。”所以君子要终日努力，自强不息，这样虽然能够始终保持真诚无妄的状态，但是言辞尤为重要。才妄言的时候，内心已经不真诚了，才有一个谨言的心，就是真诚无妄了，就是脚踏实地做工夫，所以才说“居业”。如果不是这样，圣人为什么要循循善诱，要人谨言呢？并不是因为言语谨慎，让自己好看好听。

评议

烦躁也是我们日常生活中经常遇到的情绪，弟子认为通过静默、不说话的方式来克制烦躁最好。但是，甘泉认为应该从根本上，而不是枝叶上予以克治，随处体认我心之天理，才是中正之道。

冲窃谓：“初学之士，还须令静坐息思虑，渐教以立志，体认天理，煎销习心，及渐令事上磨炼。冲尝历历以此接利人，多见其益。动静固宜合一用功，但静中为力较易，盖人资质不同，及其功用纯杂亦异，须是因才成就，随时点化，不可拘执一方也。然虽千方百计，总是引归天理上来，此则不可易。正犹母鸡抱卵，须是我底精神合并他底精神一例□方得。如何？”

静坐，程门有此传授，伊川见人静坐，便叹其善学，然此不是常理。日往月来、一寒一暑，都是自然常理流行，岂分动静

难易？若不察见天理，随他入关入定，三年九年，与天理何干？若见得天理，则耕田凿井、百官万物、金革百万之众，也只是自然天理流行。孔门之教，居处恭、执事敬、与人忠，黄门毛式之云：“此是随处体认天理。”甚看得好。无事时不得不居处恭，即是静坐也；执事与人时，如何只要静坐？使此教大行，则天下皆静坐，如之何其可也！明道终日端坐如泥塑人，及其接人，浑是一团和气，何等自然！

今译

周冲私下说：“初学入门者，还是应该让他们通过静坐来停止自己的胡乱思虑，然后再渐渐教给他们立志、体认天理、煎销习心的工夫，然后再逐渐让他们在事上进行磨炼。周冲常用这个方法来引导人们向学，总是能够见到益处。动静时固然适合用合一工夫，但是通过静坐来做工夫用力比较容易。每个人的资质都不同，每种修身工夫的用处又各有不同，必须因材施教，随着不同的情境进行指点，不可以拘泥于同一个方法。不过，引导的方法虽然有千千万万，但是总要把他们引导到天理上来，这个原则是不能够改变的。这就好像母鸡孵卵，必须是我们的精神和他们的精神能够融贯在一起才行。这个看法怎么样呢？”

甘泉子说：静坐的方法，程门有用它传授学生，伊川看到别人静坐，就感叹他多么善于学习，但是静坐的方法并不是常理。大自然之间，日来月往、寒暑更替，都是天理自然流行，难道可以区分动静难易吗？如果不察见天理，而任由他闭关入定，做工夫三年九年，这又和天理有什么关系呢？如果察见得天理，那么耕田凿井、百官万物、金革百万，也都只是天理自然流行而已。孔门的教法，只是居处恭、执事敬、与人忠而已，毛式之评介这一教法是“随处体认天理”。这概括得非常好。没有应事的时候，不得不居处恭，这就是静坐；跟人做事的时候，又如何只有静坐呢？假如静坐的教法流行，那么天下学者都去静坐了，那又该怎么办呢！明道终日静坐像泥塑人一样，等到他去待人接物，就浑然一团和气，这是多么自然呀！

评议

关于静坐的态度，湛若水非常纠结。一方面他自己有得于这种修身的方法，在三十二岁丁巳之悟时，就是通过静坐的方法悟得“天理”的为学头脑。另一方面，他又鉴于先师白沙讲“静中养出端倪”，而被当时的朱子学派误解、攻讦为禅宗，因此他又强调必须在事上磨炼、体认天理。故前文我们讲湛若水主张以“执事敬”代替“静坐”的方法，而贯通动静寂感。

清问：“昨者坐中一友言夜睡不着，先生谓其未曾体认天理，故睡不着。清因举蔡季通‘先睡心、后睡眼’，文公以为古今未发之妙言之，先生不以为然，岂以其岐心目为二理耶？”

吾意不以为然者，非以岐心目为二理也，只先着一个睡字，便是安排，事事亦复如是。所谓体认天理者，亦非想象，想象亦便是安排，心中无事，天理自见，无事便自睡得着，何意何必！

今译

清问："昨天座中有一个学友说晚上睡不着，先生说他没有体认天理，所以才睡不着。清听后举出蔡季通'先睡心，后睡眼'，朱文公以为蔡氏这番话发出古今学者未发的妙言，先生您却不以为然，这难道是因为他把心和眼睛区分为两个不同物理吗？"

甘泉子说：我不以为然，不是因为他把心和眼睛区分为两个的物理，而是他教人先在一个"睡"字上面着意，这就是人力安排。以此修习，那么做什么事情都会着意在上面。所谓体认天理，并非只是想象，因为想象是人为刻意安排。只有我们心中无事，这时天理自然显见。心中无事，自然就睡得着，又何必刻意去做呢！

新泉问辩续录

人也者，天地之气也；心也者，天地之气之精也，可见天下无一而非吾之心，则无一而非吾之事，心事非二也，一以贯之者也。心存则天理跃如，而事至物来，无非此理之流行而顺应之矣，又何假于思虑、待于布置哉？所谓“中立而和发焉”是也，不识然否？

人若不识心，只在腔子里求以为本心，而外事以为心，则远矣，只是一气，不分天地与人物。云“人者天地之气”，未莹，与《记》云“人者天地之心”不同，更思之。所谓“心存则天理跃如，流行顺应，何假于思虑”，熟后则有此理，吾子今去此地位尚远，然不可不知此气象也。更善养之。

今译

所谓“人”，是天地间流动的生生不已的气；所谓“心”，是天地间生生不已的气的精灵处。从这里可以看到，天下没有一物不是我本心的流通，没有一物不是我的分内事。心事并不是两个割裂开来的事物，一气流贯其间而已。本心存养则天理雀跃，当它与事物感应的时候，就无不是天理流行而顺应万物，那又有什么是要假借思虑、人为安排的，所谓“中立而和发焉”就是这个道理，不知道对不对呢？

人如果不能识认自己的本心，只是在躯体中求取，而把天地万物看成是本心之外的东西，那就离正道太远了。天地间只是一气流行，不分天地与人物。你所讲“人者天地之气”，讲得不圆润，和《学记》中讲的“人者天地之心”不同，应该再好好思考。而所讲的“心存则天理跃如，流行顺应，何假于思虑”，这是工夫纯熟之后的境界，但是你现在离这个境界还太远。不过，作为学者不能不知道这个气象，知道后就可以更好地涵养心体。

心也者，与天地万物一体者也，是故随时随处化化生生，无非此心之充塞，是故无物而不流通也，无时而不流通也。故夫子逝川之叹，子思鸢鱼之察，周子之窗草不除，程子之吟风弄月，张子之听驴鸣，是皆本体自然流通之着见也。圣人无往而不流通，在此则流通于此，在彼则流通于彼，活泼泼地随处融彻，与见在天地万物只是一片，不分彼此，随寂随感，随感随寂，而流通之妙，无往不在。是以物各付物而我无容力焉，更无内外、动静、人己之分，是盖与宇宙为一，无往而非鸢鱼草木风月之活泼也，特举此以见其余耳，其溥博渊泉之蕴，是可以言语尽耶？

此段体认心体万物处好。

今译

所谓的“心”，是与天地万物一体不容已的相关者。本心随时随处化化生生，无不是此心充塞其间，所以没有事物是不流通的，没有什么时候是不流通的。孔夫子在川上感叹水的流逝，子思察识到鸢飞鱼跃，周濂溪不除窗边草，程颢吟风弄月，张横渠听驴鸣叫，无不是心性本体自然流通。圣人所到之处，他的心没有不流通的，到了这里就流通到这里，到了那里就流通到那里。活泼泼地随处融贯通彻，与现成的天地万物通贯为一个整体，不分彼此，随寂随感，随感随寂，而本心流通的妙用，无处不在。本心所体认的天地万物，它们恰如其当地在它们应该在的位置上，成其所是，而我们却不需要费任何力气，更没有内外、动静、人我的区分，这是因为它们与宇宙天地融贯为一个整体，天地间无不是活泼泼的鸢飞鱼跃、草木风月。我这里只是列举一小部分例子以观其全体而已，里面深刻的意涵，难道是言语所能够穷尽的吗？

这段话中体认“心体万物”的地方非常好！

元德问：“心，活物也，无无念之心；念，活机也，无可息之时。苟得其养，则为生生之仁，复其见天地之心……苟失其养，则不知痛痒之人，自暴自弃，若火之灭、泉之塞，即有不保妻子之患。是故周子不除窗草，张子爱观驴鸣，曰：‘与自家意思一般。’盖常欲心之生，不欲心之死，常欲得天之生意，不欲害天之生意也。是可易能哉？在积累涵养而已。故曰：‘养心莫善于寡欲，所欲不必沉溺，只有所向，便是欲。’大凡有所向者，情荡而动流，夫何以养生生之仁乎？动而无动、情而无情，斯可矣。动而无动，必有主也；情而无情，必有主也；其主何主也？在天为命，在人为性。……自初学以至于圣人，自幼以至于老，自静居以至于应天下，皆同此定体，皆同此工夫，无一时而可息，无一时而可异。存是定体，由是常功，必将逐日逐月、逐事逐物，无不有感通之妙。”……要认得无声无臭，须是认得上

天之载，体用隐显，一原无间。若只取无声无臭作深远题目看，便终无着实处。程明道亦云："《中庸》言道，只消无声无臭四字，总括了多少。"又云："《中庸》之语道，其本在于无声无臭，其用至于礼仪三百、威仪三千，自礼仪三百、威仪三千，复归于无声无臭，此言圣人心要处。"此数言切须理会，见得贯串，方是识心。

今译

元德问："心，是活泼泼的物，没有无念头的心；念头，是活泼泼的天机，没有可以止息的时候。只要涵养它，就是生生不息的仁德流行，又复见得天地之心。……要是本心失去涵养，就成为不知道痛痒的人，自暴自弃，就如烈火熄灭、泉水堵塞一样，就有不能保全妻子儿女的隐患。所以周濂溪不除窗边草、张横渠喜欢听驴鸣叫，然后说'这和我们自家本心的生意一样'。这只是想要心生，不想要心死，想要得到天地生意，不想要伤害天地生意。这是容易做到的吗？只是积累涵养本心而已。所以说：'存养本心的人没有不擅长寡欲的，自己所欲求的东西不要去沉溺它，心有所偏向，就是私欲。'心有所偏向，情感就会泛滥，又如何能够存养生生不息的仁德呢？只有心流动而不流荡、有情感而没有情欲，才能够存养生生不息的仁德。流动而不流荡，内心一定有主宰；有情感而没有情欲，内心一定有主宰；这个主宰是什么呢？在天为命，在人为性。……从初学者到圣人，从孩童到老人，从居家独处到处理天下事，都是同一个本体，同一个工夫，没有一时停息，没有一时有所不同。存养是定体，从这里坚持做工夫，从一时一刻、一事一物入手，就不会没有感通的妙用。"……要体认得无声无臭，必须体认上天如何载物育人，本体发用、隐微显现之间，只有一个本原。如果只是把无声无臭作一个高深莫测的主题来看，那么终究没有可以落地实操的地方。程明道也说："《中庸》说，无声无臭这四个字，总括了多少东西。"又说："《中庸》讲天道，它的本体在无声无息四个字，而从它的发用到各种礼仪、威仪，从各种礼仪、威仪，重新回归到无声无息，这是讲圣人本心的精要之处。"程明道讲的这些话，切记要好好体会，直到通贯通透，这才是察识本心。

评议

这里宜结合前面陆舜臣的讲法来看。这里以天地万物一体的角度来界定"本心"，此心乃体贴天地万物一体生生不容已生意的大心。所谓此心充塞其间、生生化化，不是一种实存意义上的生长化育，而是一个价值呈现义，前面已有详言，可参见之。这里还讲一个道体流行，所谓"无声无臭"者皆是天道。儒家有识仁的传统，所谓观天地生意。从夫子川上观水、子思观鸢飞鱼跃，到周濂溪不除窗边草、程颢吟风弄月、张横渠听驴鸣，所观者皆是活泼泼天道流行、生生仁意朗现。这一体通畅的仁体，体认得则自然天理流行充塞，而无丝毫人欲。圣人的工夫便是在体上去做，这是先天工夫。

元德窃思体认天理，不曰某处，而曰随处，最好。随意、随心、随身、随家、随国、随天下，只是一个格物。随性、随情、随形、随体、随礼、随乐、随政、随教，只是一个慎独。随视、随听、随言、随动，只是一个勿。随色、随貌、随言、随事、随疑、随忿、随得，只是一个思。何等容易！何等快活！

此段见得甚好，首二句尤足破惑人之惑，尤好。

今译

元德认为甘泉子讲体认天理，不讲在某处体认天理，而是讲随处体认天理，这非常好！随意、随心、随身、随家、随国、随天下，在意、心、身、家、国、天下中体认天理，归究只是一个格物的工夫；而随性、随情、随形、随体、随礼、随乐、随政、随教，在性、情、形、体、礼、乐、政、教上体认天理，归究只是一个慎独的工夫；而随视、随听、随言、随动，在视、听、言、动上体认天理，归究只是一个勿的工夫；而随色、随貌、随言、随事、随疑、随忿、随得，在色、貌、言、事、疑、忿上体认天理，归究只是一个思的工夫。何等容易！何等快活！

元德这一段见识非常好！尤其是头两句足以破除众人的疑惑，非常好！

评议

这两条讲“随处体认天理”为什么比“随事体认天理”好。甘泉在早期对这六字宗旨并没有一个自觉的用法，也用过“随事体认”这类的说法。后来被阳明批评，说讲“随事体认”有点跟朱熹“格物穷理”的方法一样，有陷入逐外的危险。所以，他才逐渐凝练并确定为“随处体认天理”六字箴言。

那么，为什么讲“随处”？随处既指工夫修习场所的境遇性，日常生活随处都是修习的地方；又指修炼时间的持续、不间断，贯通动静物我内外始终。体认，有察识与存养两层含义。察识，就是要认识如何处理事物的道理和方法；存养，就是要将习得的道理和方法付诸行动，并在行动中将它们与我们的身体逐渐融贯为一个整体。天理，是我们本心生生不息的中正本体，它是随处体认工夫始终要扣紧的头脑。随处体认才能廓然大公，随感随应，不会陷入追逐外界事物的弊端之中。

问疑录

鄙见谓毁誉者，爱憎之常情。死生者，聚散之常理。知此，则处之各顺其常，而心自安矣！人惟罹之而不加察，故誉则不胜其忻，毁则不胜其戚，不知原无加损也。父母兄弟之丧，妻妾儿女之没，哀之情也；然或有时而过，而遂因以伤其生，不知生死者数，理之恒无而有，有而无者也。吾痛夫吾尚困于是而未之脱然也。

答曰："须知无加损者何物。若未见得这物，只在躯壳上起念，是以不能不动于毁誉死生也。若见得，则死生毁誉元不相干涉，其要只在体认。"

今译

我认为所谓的毁谤和赞誉，都是爱憎的常理。生死离别，则是聚首和分别的常理。知道这个道理，那么对待它们就应该随顺它们各自的常理，这样自然能够心安。人们在遭受毁誉情境的时候不详加觉察，所以遇到赞誉内心就不胜欣喜，遇到毁谤内心就不胜凄楚，而不知这些赞誉毁谤对我们的本心来讲没有任何损失或增益。父母兄弟去世了，妻儿子女去世了，这是哀伤的常情。但是，这种哀伤有时候过头，也因此伤害了自己的身体，这是因为不知道生死离别只是常数，只是天理从无到有，再从有到无的恒常变化而已。我痛伤（是因为）我还困在毁誉生死之间而不能够释然。

回答说："我们要知道，对我们没有增益或损害的是什么东西。如果没有察见它，只是在躯壳上起念，这就不能不在毁誉生死上面动念了。如果真的体见得到，那么死生毁誉自然不会互相干涉，它的要旨只是在体认天理。"

鄙见古人为死囚求生，此意甚美。若使天下无冤民，则天下和矣；天下和，则天下治矣。然往往有含冤而死者，岂不伤天地自然之和？庆常备员臬司，每恨不能留意是事，虽自谓不敢容私，然拘于成案，而因遂避嫌，不复与申辨者实多矣。今日以为必有至诚恻怛通乎神明，使天下无冤民，亦圣君贤相致中和之大端耳。夜偶梦见数囚，身荷重械，若赂愚求脱之状，而愚乃仰天誓呼以拒，俄而寤焉，亦录之以请先生。如何？

答曰："当时真见得民之受冤，即如疾痛在身，挺身力争。如濂溪所谓'杀人媚人，吾不为者'，可也。今悔之何及？用刑岂可以遗悔耶？"

今译

我认为古人为判死刑的囚犯求生的做法非常好。如果天下没有蒙受冤屈的民众，那么天下自然和顺；天下和顺，那么天下自然能得治。但是往往也会有含冤而死的人，这难道不会伤害天地自然和顺之气？王庆隆曾经任职按察使司，主管一省司法，每次都懊恼自己不能留意这件事，避免冤屈。虽然认为自己不敢容纳私意，但是拘限于案件已经判定，因为要避嫌，而没有申辩的案件也很多。今天如果天地有真诚恻怛通乎神明，使天下没有蒙冤之人，这就是圣君贤相致其心中和的重要表现。我因为晚上偶然梦见几个囚犯，身上戴着重重的镣铐，好像要贿赂我为他们开脱的情景，但是我仰天发誓拒绝了，不一会儿就醒了，所以把它抄录下来请教先生。

回答说："当真的看到民众受到冤屈的时候，就好像自己疾病缠身，挺身而出，据理力争。做到周濂溪所说的'杀人以媚人，吾不为也'，这就可以。现在后悔懊恼又有什么用？执法用刑怎么可以后悔懊恼呢？"

评议

古人为死囚求生，便是义中存仁。犯罪当然应当判刑，这是维持社会正义。但是，依然要为他们求生，在于上天有好生之德。即使是一个十恶不赦之人，他的良知也没有完全泯灭。通过处死生命来获得正义，是一个不得已的做法。如能感动他，而在其未泯的良知发端上有一当下觉醒，而知其与天地万物有一体不容已的关联。为被他杀害之人与损害之义，而感到羞耻、汗颜，这才是真正之正义复觉。当然，王庆隆的问题，还在于他本身作为一个刑名之官，有为冤狱明申之责，就好像甘泉所讲的不去伸冤则心有不安，而身有所痒，自然要去挺身而出，据理力争。

金台答问录

戊子岁，隆奉母夫人丧归，舟过南京上新河，风雪中，蒙师枉吊。坐顷，隆问："寻常外事，此心殊觉容易放下，独于此生一念不能释然，往往觉得贪生恶死意思在，何也？"师曰："此只就自家躯壳上起念故尔，若就天地万物上起念，则知天地之化，自生自死，自起自灭，于我了无干涉，何忧何虑而贪生恶死？此等去处看破，则忧虑自然无矣。"隆于此念极去不得，每思邵子元会运世至人消物尽之说，不觉中夜拍床起坐，家人以为狂。闻师此说，才觉去得一二分，然尚未能尽除。如何？

只是如此，更无别事。朝闻夕死而可，只是闻此而已。体认愈深，愈见得精切，此是学者大头脑处，虽终身学之，亦不过此。

今译

戊子年，隆因为守母丧，乘舟经过南京上新河，在风雪交加之日，感蒙恩师来为母吊丧。闲坐中，隆问："遇到寻常事情的时候，本心还觉得容易放下，但是在这生死念头上却不能释然，往往觉得有贪生恶死的意思在，为什么会这样？"老师回答说："这只是在自己的躯壳上起念而已，如果是从天地万物上起念，那么自然知道天地变化，生死起灭，无非大化自然流行，跟我有什么关系，又何必忧虑而贪生恶死？从这里看破，那么忧虑自然就没有了。”隆之前对于生死念头一直克去不了，每次想到邵雍元会运世和人消物尽的说法，半夜时候也会不知不觉拍床坐起，家里人以为其发狂。听到老师的开示，才觉得革去了一两分，但是还是没有能够全部克除。怎么办呢？

体认工夫只是这样，更没有其他事。孔子讲朝闻道夕死可矣，也是听闻这个道理而已。体认得越深刻，也愈见亲切，这是学者为学的大头脑处，即使终身修习，也不过如此。

讲章

泗州两学讲章

夫圣人之学，心学也。如何谓心学？万事万物莫非心也。《记》曰：“人者天地之心。”人如何谓天地之心？人与天地同一气，人之一呼一吸与天地之气相通为一气，便见是天地人合一处。且如我越宣圣数千载，诸君、诸师长、诸生又与我相越数千里，我之心因何谒诚来拜宣圣之庙庭？尔诸师长、诸生之心，又因何翕然[1]而来迎我？又不有所驱逼而来，又不是有为而来，盖以其此心同一个心，是以翕然感应耳。因此见得诸生之心即师长之心，诸师长之心即诸君之心，诸君之心即宣圣之心，宣圣之心即文、武、周公之心，文、武、周公之心即禹、汤、尧、舜之心，古今天下同此一心。何以言之？人者，天地之心也。天地与人同一气，气之精灵中正处即心，故天地无心，人即其心。如月在天，江河沚沼盘水皆是此一个月，以为江河沚沼盘水各是一个月，可乎？尔诸师长、诸生，且谓读书将作何用？盖书即是圣人心中说出话，故凡人读之使感发其同然之心，入乎耳，感乎心，蕴之为德行，发之为词章，施之为事业。

注释

［1］翕然：翕，音xī。形容安定。

今译

圣人的学问，就是心学。为什么叫心学呢？因为天地万物，没有不是本心的流行发用。《学记》讲："人者天地之心。"人为什么被称作天地之心？因为人与天地同一气，人的一呼一吸和天地之气相互通贯为一气，从这里就能见到天地人合一。我和至圣先师孔夫子相距数千年，各位师长、学友、门生又和我相距数千里，为什么我的心能够竭尽真诚来祭拜至圣先师呢？为什么诸君、师长、门生的心能够如此和气来欢迎我呢？我们没有什么驱使，也不出于什么目的，只是因为我们的心都是同一个心，所以才能彼此感应到真诚和顺。所以，察见到诸生的心就是师长的心，各位师长的心就是诸君的心，诸君的心就是孔圣人的心，孔圣人的心就是文王、武王、周公的心，文王、武王、周公的心就是大禹、武汤、尧帝、舜帝的心，古今天下都只是同一个心。为什么这样说呢？人，是天地之心。天地和人是一气流贯。气的精灵中正就是心，天地没有心，人就是天地的心。这就好像月亮挂在天上，江河沚沼盘水中的月影都是同一个月。如果我们认为这些倒影是不同的月亮，可以吗？各位师友、门生，你们说读书有什么用？书是圣人经验的集成，是圣人内心的发用，当我们读这些书的时候，就能感发我们互相感通的心，进而到我们的耳朵，感发我们的心，积蕴成我们的德行，散发成我们的文章、事业。

九华山中华书堂讲章

圣人之学，心学也，劈初只看其立心立志何如耳。一念所志，顷刻之间，合下圣愚便别，古今便别，为己为人便别，其终所成亦必如此。譬如树艺者，树以五谷之种，则其萌、其穗、其实，无非五谷之美；树以荑稗[1]之种，则其萌、其穗、其实，亦无非荑稗之恶，自有不可掩者，亦有不可易者。是故学者之要，莫先乎决择于立志之初。初志既审，如识宝者之爱宝，日日亲切，日进日亲；今日志之，明日志之；今年志之，明年志之；将有欲已之而不能自已，虽不期成而自成者矣。何谓初志？其初一念为学之志也。一念之初，便有为己为人之别，便有义利公私之判。何谓义？何谓公？古之学者为己是也。三代之学皆所以明人伦也，明人伦者，尽为人之道也。尽为人之道者，尽己也。心，己之心也；性，己之性也。学、问、思、辨、笃行皆以存己之心、养己之性，是无所为而为。心又不为人而存，性又不为人而养，这便是古之学者为己。何谓利？何谓私？今之学者为人是也。三代而下，经残教弛，道丧学绝，失了古人为学本意。虽亦从事于学、问、思、辨、笃行，而不知所行者何事，故或流而为词章以媒爵禄，而不知词章爵禄何与于己之心，不过要得意扬扬，欲人观美耳。或流而为功利以夸时人，而不知随世功名何益于己之性，不过沾沾自足，欲人称颂耳。是有所为而为，既以为人观美，又以为人称颂，这便是今之学者为人。夫苟志于为己，则念念在己，有天下而不与，这便是立诚。诚立则遯世无闷[2]，人不知而不愠，可与圣人同归矣。夫苟志于为人，则念念外慕，人之与夺仅如毫毛，而必动心自失，安能无闷？安得不愠？这便是小人，便与夷狄禽兽同归矣。虽同乎人之心性，失其所以为人之道也，已非人类，虽同在天地间，实天地之罪人，实为天地不孝之子。岂是其智弗若人？乃其自失之耳。岂不可哀！……夫为己为人皆是一为字，但其萌于一念邪正之间耳。一念之机甚微，极而至于古今圣愚，得失存亡，若天渊之相悬绝，岂非大可畏耶？夫人莫不有一生耳，学者不蚤自决择而勇为之，至于为小人、为夷、狄禽兽之归，临死时，平生之为人者泯，而天地之性于己者定，未有不悔者，然悔之亦晚矣。

注释

［1］荑稗：似禾，实比谷小，亦可食。荑，通“稊”。《孟子·告子上》：“五谷者，种之美者也；苟为不熟，不如荑稗。” ［2］遯世无闷：谓逃避世俗而心无烦忧。遯，音dùn，通“遁”。

今译

圣人之学，就是心学，为学之初只是看求学者如何立心立志。在所发一念上立志，那么在念头所发顷刻之间，当下与圣贤就有分别，古今就有分别，做为己之学还是为人之学就有分别，而最终工夫的成就也是这样。例如种树这一技艺，播下五谷种子，那么它发芽、成穗、结果，无不是五谷之美好；播下荑稗的种子，那么它发芽、成穗、结果，无不是荑稗的不好，这种规律性自然有它不可以掩盖的东西，也有它不可以变易的东西。所以，为学者的切要工夫，没有不是在立志之初进行抉择的。初立志向既然已经审慎，这就像懂得珠宝首饰的人爱惜珠宝一样，日日亲切，日近日亲；今天立志，明天立志，今年立志，明年立志，这样想要停止又不能停止，即使不想成功也会自然而然成功。什么是初立志向？就是最开始那一念求学的志向。这求学的一念，就有求学是为己还是为人的区别，就有义利公私的分判。什么是义？什么又是公？古时候的学者为自己求学。尧舜禹三代的学问都是昌明人伦，而昌明人伦，就是穷尽做人的道理。穷尽做人的道理，就是尽己。心，只是我的本心；性，只是我的本性。学问思辨笃行工夫，都是用来存养吾之本心本性，是不刻意作为而会有作为。求学不为他人而存心，也不为他人而养性，这就是古时候的为己之学。什么是利？什么又是私？今天的学者求学是为了他人。三代以后，经典破坏，教学废弛，天道沦丧，圣学绝灭，丧失了古人为学的本意。即使也做学问思辨笃行的工夫，也不知道所做的事情是什么，所以有的泛滥而为词章之学以谋取爵位利禄，却不知道词章爵禄之学对参赞吾之本心有什么用，只不过是要得意扬扬，让别人看到自己如何风光而已。有的泛滥为功利之学而吹捧时人，而不知道世上的功名对于增益吾之本性有什么用，只不过是要沾沾自喜，让别人称颂自己而已。这是刻意为做事而做，既要人看到自己的风光，又要人称颂自己，这是今天的学者为了别人而求学。假如立志做为己之学，那么他就念念做为己，即使把天下给他，他也不会为此而丢失自己的本心本性，这就是立诚。诚意挺立之后，那么逃避世俗，内心却没有烦忧，别人不知道自己而不会感到不高兴，就可以和圣人有同样的归宿。假如立志做为人之学，那么念念就在别人的仰慕上面，即使他人赠予或夺取的只是很微小的东西，他也一定会被牵引而丧失本心，又怎么能够闲适而没有烦恼呢？又怎么能够不动气呢？这就是小人的做法，他们最后只能和夷狄禽兽同样的归宿。他们虽然和众人的心性本体一样，但是已经丧失了做人的道理，就不是人了。虽然和众人一样同在一个天地之间，但是他们实际上已经是天地的罪人了，已经是天地不孝的子孙。这难道是他们的智能不如其他人吗？不是，这是因为他们自己丧失掉心性本体而已。难道不可悲吗！……为己之学和为人之学只是在一个“为”字，但是它们却萌发于念头上的正邪之间。一念动而未动的机括非常细微，但是这个细微念头扩充到极致，就会成就古今圣愚，得失存亡，这就好像天空和深渊一样相互隔绝，这难道不是远大又需要敬畏吗？每个人都只有一次生命，为学者不尽早自己做出抉择并且勇猛精进，而最终落入做小人、夷狄禽兽的境地，到临死的时候，没有不后悔的，但是为时已晚了。

经筵讲章

盖人君所居的位乃是天位，这个天位安危不常，当敬谨保守他，不可一念不谨，不可一事不谨。盖人君的心即人民的心，人民的心即上天之心，所赖以合天人、通上下，只在这一心之敬。如人君度量心上过得的，百姓的心也便喜欢。凡人心所愿欲的勾当，这便是善。这个善端要敬以修之，存于心、发于政，都是这个善念扩充的出来，事事停当，便事事合人心。夫心有或一些不善，则生于心、害于政，便殃及于下，四海的百姓，至于困穷过活不得。寒的不得衣，饥的不得食，饥寒切身，礼义不顾。民心离，天心去，人君所享的天禄，一绝不可复续了……盖天民一理，上下无间，其得失存亡之机，系乎人君一心之敬否何如耳。故敬者乃圣学之要，而致治保邦之本也。为人君者，可不加之意哉！

今译

人君所处的位置是天位。这个天位的安危并不恒定，应该用敬谨的态度来保全守护，不可以有一个念头不敬谨，不可以有一件事情不敬谨。人君的心就是人民的心，人民的心就是上天的心，所以用来合天人、通上下，只是这一个心的敬谨。如果人君反思量度自己的本心能做的事情，也会是百姓喜欢的事情。凡是民众的心想要的东西，这就是善。这个善端要敬谨修习，在本心中存养，生发于政事，都是这个善念扩充出来的，事事处理得当，就能事事符合人心。如果心有一点不善的念头，就会从心中生发出来，贻害政事，就会殃及天下无辜百姓，使他们贫困不能生活。寒冷的时候没有衣服穿，饥饿的时候没有东西吃，饥寒交迫，自然就不会遵从礼义。民心背离，天心丧去，人君所享有的爵禄，也就一去不复返了……天地与人民是同一个天理，上下没有区间，那么它们之间得失存亡的机窍，就在于人君的心是否能够敬慎。所以，敬慎是圣学的要旨，是安邦治民的根本。作为人君，难道可以不格外在意吗！

湛氏家训

明一体章第一[1]

夫常人不知此身与天地万物一体之义，每于躯壳上起念头，故常与人分尔我，相忿斗，相竞利，至于相伤杀，连其身家亦亡灭，何益之有？至同胞共父兄弟亦然，不知此身兄弟出于父母一体之义，每于躯壳上起念头，故常与兄弟分尔我，相忿斗，相争利，甚至于相伤相杀，连其身与所爱妻子亦亡灭失所，何利之有？若有善人君子知天地万物一体之义，与人物皆春，多少广居，多少宽平田地，受多少安乐富贵。若兄弟知同出父母一身之义，则疾痛疴痒无不相关，必相友爱，必相护卫，如手足之捍头目，自不相离，何至分居别业？自识者观之，分居别业，私财私妻子，如手足四肢百体，肢肢体体各私自爱，各不相顾，如人身肢解一般，是养其一肢一体而失其百肢百体，是痿痹之人不知痛痒，连其身不能自保，安能保其妻子？闻吾五房祖有盟：凡吾子孙，起创前屋，不许盖楼屋压后屋，以存手足相顾之义，有犯者，众攻之。沙滘有某人起楼压族人，致人命矣，戒之。

注释

［1］《湛氏家训》共有35章内容，本书只收录其中部分内容。对《湛氏家训》全书的解读可参阅郭海鹰：《湛若水家训当代解读》，

广州：广州出版社，2017年版。本篇其他内容同此出处。

今译

我们一般人不知道自己与天地万物是一个不能彼此区隔开来的有机整体，于是常常从自己的躯壳上起念头，只是考虑自己，而把自己与其他人区分开来，以至于彼此之间互相怨恨争斗、争名夺利、互相伤害，甚至最后弄到家破人亡，这又有什么好处呢？同胞骨肉兄弟也是如此，不知道自己与兄弟之间同宗同胞的情义，常常从自己的躯壳上起念头，只是考虑自己，而将自己与兄弟区隔开来，彼此之间互相怨恨争斗、争名夺利、互相伤害，甚至最后妻离子散、家破人亡，这又有什么好处呢？如果一个人能够体知天地万物一体的意思，自己就能在天地人物之间感受到盎然春意，那么他必定会得到很多福佑，心宽体胖、安乐富贵。如果一个人能够体知兄弟之间同宗同胞的情义，那么他自然会关心兄弟的疾苦，兄弟之间自然就会互相关心、爱护，这就如同我们的手足在头目遇到袭击时会自然而然地保护它们一样，这又怎么会导致兄弟之间分家别业呢？兄弟之间分家别业，每个人只怀着一颗私心，这就好像我们身体中各个部位的器官被肢解成彼此不相联系的部分，它们只能发挥自己的官能作用，而不能协调成为一个整体。因此，一个人只知道豢养自己的一肢一体而忽视身体的其他器官，这个人就是一个痿痹不仁的人，他连自己的身体都不能保护，又如何能够去保护自己的妻儿呢？我听说我们五房的先祖曾经定下一条规定：凡是我族内的子孙，在族人的房屋前盖房子，不能盖得太高，压过族人的后屋，以此彰显兄弟手足之间的情义，如果有违犯的人，族内其他人可以一起批评责难他，让他改正。隔壁沙滘村有人建房子太高压过族人的房子，最后引发了人命案，我们应该引以为警戒。

评议

日常生活的冲突往往是由一个“争”字引起，争名、争利、争权，等等。人与人之间之所以会争，主要是因为我们常常把自己与其他人区隔开来，分出你我彼此，而看不到自己与他人之间那种一体不容已的关系整体。传统的乡土社会是一个熟人社会，但我们并不是对每一个熟人都怀有同等的爱。爱是有差别的。经验告诉我们，一个人往往爱自己的妻儿更甚于其他的亲友。这无可厚非，儒家也不否定这一点，更是以对最亲近家人的爱作为伦理生活的起点。儒家主张成己达人，对最亲近家人的爱只是起点，不是终点，我们还要安顿好其他家族成员，处理好与他们之间的关系。

推爱章第二

吾每见凡人多有爱其妻子，薄其父母兄弟者。何不反思我心之爱妻子如此，父母岂不亦同此心，爱我亦复如此。父母爱我兄弟亦复如爱我之心。父母爱我，而我爱之反不如爱妻子，可谓孝乎？父母爱我兄弟如爱我，我爱之乃不念同胞之义，不念父母同体之遗，可谓友乎？不孝不友，可谓有人心乎？殊不知己身乃父母之体，兄弟乃父母一体之分，知此必不至于私财私妻子，必视兄弟如妻子，必能公财，可以长保富也。尔宜深思之，吾将有善处通融之法。

今译

我常常见很多人非常爱自己的妻子和儿女，但对父母兄弟却非常冷漠。我们为什么不反思一下，难道父母亲不是像我们爱自己的妻儿那样爱我们吗？而且，他们也像爱我们一样爱我们的兄弟。父母亲那么爱我们，但我们爱他们反而不如爱自己的妻儿，这可以说是孝顺父母吗？父母亲像爱我们一样爱我们的兄弟，我们爱他们却不能念及同胞兄弟之间的情义，不能念及我们都是父母亲身上掉下来的肉，这可以说是对兄弟友爱吗？一个人不孝顺不友爱，那么还有良心吗？有谁不知道，父母亲生养了我们的身体，也同样生养了我们兄弟的身体。知道这一点，我们就不会想要分家别业，就不会只是爱自己的妻儿，而必定会像爱自己的妻儿那样去爱自己的兄弟，也不会总想着要和兄弟分家别业，这样我们才能长保富足。你们应该好好想一想这个问题，而我也将会有通情达理的妥善处理方法告诉你们。

评议

爱有区别是人之常情，就像一颗石子投入水中，激起的涟漪从中心点向外不断减弱。湛若水讲的这种爱自己妻儿远胜过自己的父母兄弟的社会现象在今天仍然比比皆是。现代商业社会中，人的特点可以用流动性和不确定性来概括，再加上传统大家族共住观念的瓦解，子女和父母经常不在一起生活，对父母的温凊定省更无从谈起。在这种背景下，老年人的精神情感生活日益成为老龄化社会的突出问题，空巢老人、独居老人现象时有发生。前几年修订的《中华人民共和国老年人权益保障法》更是明确子女不经常回家看望老人属于违法行为，这既是无奈，又确实是今日的世情。湛若水试图唤醒为人子女者的道德同感力，换位省思，重新生发对父母兄弟的亲情，并转化为孝顺父母与友爱兄弟的行动。

问安省过章第六

凡父母在，兄弟不得各爨[1]。每晨与兄弟同造父母之所，问夜寝安否，食能美否。父母问诸子过失否，过失安在，各前跪对。诸妇女相率造姑[2]之所，问夜寝食安否，亦如之，姑问妇之过失，亦如之。子之子若孙之成人者，其问安否，亦如之。退各事其事，明日亦如之。

注释

[1] 爨，音cuàn，烧火做饭，旧时指弟兄分家过日子。 [2] 姑：即舅姑，指公婆，此指婆婆。

今译

凡是父母亲健在的，兄弟成家之后不能私开厨房做饭。每天早晨兄弟们一起到父母亲的寓所去请安，问他们昨晚睡得好吗，吃得好吗。然后，父母亲询问儿子们昨天做事有没有什么过错，错在什么地方，儿子们都各自回答父母亲的询问。另外，家里的妇人要一起到婆婆的寓所请安，问婆婆昨晚睡得好吗，吃得好吗。然后，婆婆也询问媳妇们昨日做事有没有过错，错在什么地方，媳妇们都各自回答婆婆的询问。此外，家里已经成人的子孙也要这样去向祖父母、父母请安。每个人请安后就回去做自己的事情，天天这样。

评议

现代人已经不可能像湛若水所讲的那样每日亲自到父母亲的寓所问安，甚至《论语》中所讲之“父母在，不远游”在今天也几无可能。养儿一百岁，长忧九十九，我们只能尽量做到让父母亲不要为我们操心。例如，可能做不到不远游，但是可以做到让父母知道自己所游之方向。再有，若是在同一地居住，距离不远，每天去看看父母，总是可能的，也是应做的。至于身在异域，打个电话总是可以做到的，即使没办法每日做到，也可以定期问安，唠唠家常，向父母报告自己的近况，关心父母亲的健康情况。这些都是我们应该做的。

明冠礼章第十二

今之乡俗，子冠，多不行冠礼。冠礼最不可废，冠礼有三加三祝，所以责成人也。不行冠礼，何以责成人？故吾尝谓冠礼废，则天下无成人矣。凡我子孙，宜考古礼行之。

今译

今天的乡俗，小孩子成人的时候，大多不行成人礼。其实，成人礼最不可以废除，通过三加三祝的做法能让孩子领会自己成人之后身上所担负的责任。如果不行成人礼，如何能够让孩子意识到自己已经长大成人了呢？所以，我曾经说过废除成人礼之后，天下就再也不会有成人了。凡是我的子孙，应该好好参考古代的成人礼来做。

评议

冠礼，即成人礼。礼仪是为了让参加仪式的人在某一个节点获得一种神圣而庄严的仪式感。孔子在讲到他一生的生命轨迹时说，“吾十有五而志于学，三十而立，四十而不惑，五十而知天命，六十而耳顺，七十而从心所欲，不逾矩。”也就是说生命的转化与成长通常是在不同人生节点由不同的事件呈现出来，例如“志于学”“立”“不惑”“知天命”“耳顺”“从心所欲，不逾矩”等。在行冠礼的时候，便会让孩子以一种特殊的方式知道自己已经成人这一个在其生命中具有重要意义的事件。无冠礼，何以责成人？事实上，成人，并非年齿之增长，也就是非生理上之成长，而是一种德性生命之成长。这种成长又有两个面向：第一，是向外的，成人意味着对家庭、社区、国家甚至整个人类已经肩负有道义上的责任，因为在湛若水看来，整个天地万物都是一个密切不可分割的有机整体；第二，则是向内的，因为担负起或实现一个人对家庭、社区、国家乃至整个人类的责任，都必须凭借一己之力作为起点。这既包括个人德性，也包括一些知识技能、社交能力等的构建。因此，成人之人，非己身一小人也，乃是由己身而开出去而贯天地，此乃纵向；而贯家庭、社区、家国，此乃横向之大人也。如果换作今天的流行语，即如何成长为一个有责任担当之国家公民。公民非指身份，而是德性担当之概念也。所以，公民教育也就是成人教育，在这种意义上，今天的中国和湛若水所处的那个时代一样，同样亟须成人礼的恢复。

明婚礼章第十三

嫁女之道，在在奢侈，吾邑尤甚，至用金四五十两，用银数百两。人心竞胜，不足之家多有损世业而为之者，岂不得罪祖宗？彼亦岂不知爱惜，但为世情所移，而家世无一定之法以守之耳。我合酌为定法，夫用金已自违制，今循俗用之，只许用金十两，可备首饰，白银止许打杯盆之类，而四十两，若过数多，即是不孝。

今译

现在的人在嫁女儿的时候花费非常奢侈，我们县的乡俗尤为严重，甚至花费黄金四五十两，白银数百两。世道人心往往争强竞胜，甚至还有人因为家境不好而变卖祖产祖业，这难道不是得罪祖先又不知爱惜么？这是被世态人情所迁移，家族中没有一个定法被大家所遵守。所以，我酌情制订一些成规来让大家遵守。其实，使用黄金已经违反朝廷的制度，我们现在遵循乡情里俗姑且使用，但是只允许使用黄金十两，还可以准备一些首饰，而白银只许用来打造杯子、盆子之类的日常用品，并且用度不能超过四十两，如果超过就是过分奢靡，就是不孝的行为。

明娶妇章第十四

古人之娶妇，须求不及吾家。盖妇家贫，则妇不骄，而婿不侈不纵，观于梁鸿之于孟光之意可见。语云：“娶妇论财，夷虏之道。”夫夷虏者，岂非人之所耻乎？乃有甘心以自喜者。吾之子孙，宜深戒之。只观得妇财者，成家有几多？至放纵及其至也，连己家之旧业亦多耗散，有因而忘其性命者。今酌聘亲之礼，银二十两，金钗一对，其余饮食之品，亦有定数，不许过多，不许需索妇家财物。

今译

古人娶媳妇，总是找的媳妇出身不如自己家的。因为媳妇家贫穷一点，她就不容易生出骄纵的心，而夫婿也能够不奢侈不骄纵，我们看梁鸿对孟光的情义就知道了。古语说：“娶妇论财，夷虏之道。”蛮夷之道，难道不是人们所羞耻的吗？现在竟然有人甘心行蛮夷之道而沾沾自喜的！凡是我的子孙，应该深以为戒。娶媳妇的时候，如果只看重妇家财物，最后真正结成连理的又有多少呢？而有的结婚之后过于放纵，到最后连自己祖先留传下来的家业都典卖光了，有一些人甚至还搭上自己的性命。所以，我现在斟酌聘亲的礼仪，只允许用二十两白银，一对金钗，另外其他的饮食用品也都要有定数，不许太多，也不许向妇家索要财物。

明丧礼章第十五

丧礼，送终之道，所宜慎重。父母年老，宜仿古人岁制月制之义，预求丝绢为衣衾之类之需。富则可用纻丝，厚于爱亲，亦不为过；盖丝绢入地最耐久，切不宜用棉布入地，不过一月即朽。棺木用楠木之高者，犹胜于用杉木之低者。其葬宜用灰、镉、三合土坚筑之，久则化为全石，可与天地同不朽矣。俗礼，凡来吊丧及来送葬者，多待以酒肉，与吉礼无异，此大不可；不得已托亲戚置食于别所、别山不近坟处，然犹戒不设酒，以存吊客之哀可也。

今译

丧礼是送终之道，应该慎重。当父母年老的时候，就应该仿照古人岁制月制的做法，预先准备丝绢来为父母亲做衣服、被子这些用品。家境富裕的可以使用纻丝，也并不过分，因为丝绢埋在地下很久都不会腐烂。切记不能使用棉布，因为棉布埋在地下，不用一个月就会腐烂。此外，棺木用材质好的楠木比材质次的杉木要更好。下葬之后要用灰、镉、三合土来修筑，这样时间一久就会变成和石头一样坚硬了，可以与天地长存长在。此外，今天俗世的丧礼，凡是来吊丧和送葬的宾客，大多用酒肉来招待他们，这种做法与吉礼没有区别，非常不好。如果不得已，可以托亲戚在其他地方招待吊唁宾客，或者在山上远离坟地的地方招待送丧的宾客。此外，即使设席招待，也不能设酒，以此存留吊唁宾客对逝者的哀思。

评议

这一章讲丧礼。曾子讲："慎终追远，民德归厚矣。"生死，乃人生之大事，是中国传统所重视的，不可不慎也。第一，讲父母年老之时，该如何处理。甘泉这里依古制，也就是所谓"岁制月制"之义，但是如果全依甘泉讲，在今日无法施行。不过，其间之义，不可不谓之大。我们常常听到一句话叫：人生七十，古之所稀。父母年齿渐长，则恐其不觉间离去，故需时时处处慎之待之。故古人所讲慎终之事，非仅指父母去世之后之丧礼安排，更指父母年迈时，自己对父母之温清定省如何应对的问题。当然，现代人似乎更容易忽略此事，因为现代医疗发达之故，总觉得父母身体康健，长命百岁，故不重不慎父母年齿之增长。这是一大谬也。第二，讲的是丧礼。湛若水在这里讲了一大堆礼仪，比如用什么样的棺木、寿衣等等，这些我们今天自不必依循。可是，这些礼仪中所寄托出来的哀思是人所不能无者。第三，讲戒奢靡之风。今日中国之村镇，丧葬之礼多有奢靡之风，甘泉此处所言，亦有所警示也。

文选

大科书堂训

诸生为学，必先立志。如作室者，先固其基址乃可。志者，志于道也。立之是敬。匹夫不可夺志，不可夺乃是志，若其可夺，岂可谓之志？自始至终，皆是此一字。

今译

诸生求学，必须先立志。这就像建房子一样，要先打牢地基才行。所谓立志，就是立志向道。立志就是心存恭敬。即使是匹夫，也不可以夺走他的志向。不可以被夺走的才是志向，如果可以被夺走，难道还可以称之为志向吗？从始到终，都只是一个“志”字。

诸生进德修业，须分定程限，日以为常，每日鸡鸣而起，以寅、卯、辰三时诵书，以巳午时看书，以未时作文，申酉二时默坐思索，戌亥二时温书。然此等大抵皆不可失了本领，通是涵养体认之意。如此持循，当月异而岁不同矣。

今译

诸生修习德性与课业，必须要设定不同时段学习不同的课程内容，然后每天坚持修习。每天鸡晨鸣的时候就起床，寅时、卯时、辰时这三个时辰就背诵经典，巳时、午时这两个时辰就看书，未时写文章，申时、酉时这两个时辰就静坐思考，戌时、亥时这两个时辰就温习经典。在做这些功课的时候，不能丢失了根本，必须在修习的同时做涵养体认的工夫。这样循序坚持，久而久之，气象自然会有所不同。

诸生务以笃实为本，不可以文艺为先，周子谓“笃其实而艺者书之”。然实与艺亦非二事，且如作文写字时诚敬存焉，则何莫非本实也？存乎其人耳。

今译

诸生为学要以笃实为根本，不可以文艺为优先，这就是周子所讲的“笃其实而艺者书之”的意思。然而，笃实与文艺并不是两件截然分开的事情，就像我们在作文写字的时候，内心时刻保持诚敬的态度，那么还有什么不是以笃实为根本呢？这取决于做学问的人而已。

诸生相聚，不可自是自高，无长幼之序，大不是道理。须虚心相下，非但礼当然，亦且受益。若恃一己之见，侈然不胜，其大遂至争辩尚气，尚何义理？愿诸生深戒之。

今译

诸生相聚的时候，不能自以为是，也不能自视过高，不讲长幼之序，不讲道理。应该谦卑虚心，这不仅是遵从礼仪，而且我们能够从中受益。如果恃借自己的个人见解，骄纵自大，甚至任凭意气争辩，那么还有什么义理可言？我希望你们能够引以为戒。

学子须先看《论语》，次《大学》，次《中庸》，次《孟子》，乃书之序也。读《论语》时如未曾见《论语》，读《大学》时如未曾见《大学》，《中庸》《孟子》亦然。忘其成心之私，去其习熟之旧，乃有向往之路，否则面前皆墙壁也。况又有迷心于传注之中者，如瓮鸡裈虱，安能有见？

今译

诸生读书，要先看《论语》，然后是《大学》，再次是《中庸》，最后是《孟子》，这是读书的次序。读《论语》的时候好像从来没有看过《论语》一样，读《大学》的时候也好像从来没有看过《大学》一样，读《中庸》《孟子》的时候也是这样。忘掉自己的成见之心，去除掉自己之前熟习的旧见，这样才有向往的大道可以走，否则前面全都是铜墙铁壁。况且还有沉迷在给经典做传注的境地中的情况，只能像瓮鸡裈虱一样，怎么会有见地呢？

诸生读书时须调炼此心，正其心，平其气，如以镜照物，而镜不动，常炯炯地，是谓以我观书，方能心与书合一。孔子所谓“执事敬”，《中庸》所谓“合内外之道”，程子所谓“即此是学”，如此方望有进。若以读书主敬为两事，彼此相妨，别求置书册而静坐以为学，便是支离，终难凑泊。

今译

诸生读书的时候应该调习我们的本心，端正我们的本心，平和我们的气息，这就好像用镜子照物，镜子不动，一直保持炯明发光的状态。这就是用我的本心来看书，才能让本心与经典合而为一。这就是孔子所谓的“执事敬”，《中庸》所谓的“合内外之道”，程子所谓的“即此是学”，只有这样学习才有望进步。如果把读书和主敬工夫看成是两件事，彼此妨碍，认为将书本悬至起来静坐才是学问工夫，这就是支离，最终还是难以让本心和经典凑泊合一。

初学切于读书时调习此心，随心力所及。如读至一二行，稍觉心为所引，即停卷收敛，少俟有力再读。或有力足以胜之，或至三篇四篇不至失己，验知得力，渐渐接续习之，至于不息，亦从此始。其应事亦复如是。若舍书册、弃人事而习静，即是禅学，穷年卒岁，决无熟之理。如欲铁之精，不就炉锤，安可望精？

今译

初学者切要在读书的时候调习我们的本心，读书的时候要根据自己本心的力量，一步一个脚印。例如，我们读一两行，开始觉得自己的本心被书本内容所牵引，那么就暂停不读，收敛自己的精神，等到消化，有精力了再读。有的有精力可以胜任，有的读三四篇的时候还不会遗失自我，然后效验上自己又能够得到力量，就渐渐持续学习，无有止境，这些也是从读一二行开始。我们应事处物也是这样。如果舍弃书本，不处事与人打交道，而修习静坐，就是禅学，年复一年，这绝对是无法纯熟的。这就好像炼铁，不用锅炉，不用锤炼锻造，怎么可以锻炼出好铁呢？

初学习字，便学运笔以调习此心；习文便要澄思以蕴藉此心。久之，文字与心混合，内外皆妙。

今译

刚开始练习写字，就要学习通过运笔来调习自己的内心；而刚开始学习作文，就要静思来涵养自己的内心。通过这样的操存，久而久之，作文习字就会与我们的内心混合为一，内外都是妙用。

诸生读书，务令精熟本经、四书，又须随力旁通他经、性理、史记及五伦书，以开发知见。此知见非由外来也，乃吾德性之知，见书但能警发之耳。须务以明道为本，而绪余自成文章、举业。

今译

诸生读书，必须熟练掌握五经、四书，又要根据自己的能力大小，而旁涉儒家其他经典、性理之书、史记及五伦之书，以此启发自己的知识见解。这些知识见解并不是外在的，而是我们本来就有的德性之知，读书只是警策、启发而已。读书必须以彰明道理作为根本，这样作文章、举业也自然能够成功。

评议

以上数条是湛若水《大科书堂训》的课程内容，宜合观之，颇可见其设教之特色。

首先是讲大科书院日常的课程内容设计，每天不同时间做何种功课已经预先设定好，包括读书、看书、作文、静坐、晚课等。其中，静坐颇要注意，证明湛若水并没有完全放弃其师陈白沙的“静养端倪”，不过在这里静坐只是作为初学入门者的辅助工夫，而非强调它可以直接体悟心体的方法。也就是补充小学的工夫。这倒是与白沙有别。但是，甘泉后来对静坐的态度也有变，晚年讲默识大同，彼时之静坐便有直指心体的根本方法。另外，甘泉自然强调做所有工夫，不能盲目冥行，不能失去本领，这个本领就是本心之天理的涵养。

其次，讲读书之法。甘泉先生强调读书要悬搁自己以前的见识、观点、成见，把自己放空，才能时读时有新解。而且，读书之根本在于挺立涵养本心，气力到哪里，就读到哪里，然后再继续用力，使读书日渐纯熟精进。甘泉一生著书丰富，而没有丧失本心涵养之精要，就在于日日用力皆如此。这也是对不读书应事的单纯静坐法门的批评，这也可看到最先一条如何置静坐只是为其中一门必修功课。而关于读书的内容，则要求以儒家经典为中心，文章之学不可沉迷。

最后，还讲到具体练字习文的方法。书法和写文章都是技艺，《论语》中讲据德依仁游艺，艺为其末，故先立其根本，才能学艺。厚德方能载物。现在的小孩，家长多给他们报很多课外班，学习各种技艺，而很少重视家庭生活中的洒扫庭除的家务事，而其实家务事往往能够让父母与孩子进行互动，培养其性情。这在甘泉看来是本末倒置了。

从以上内容，我们可以看到当年大科书院的教学内容根据尊德性与道问学这两部分来进行设置，主要重视德性，修业只是在于涵养本心而已。

诸生为学患心不定，只是煎销习心三层五层。如煎销金银，一番煎销，愈见一番精明，煎销尽者为大贤之心。习心即人心，心只是元一个好心，其不好者习耳。习尽则元来本体广大高明，何尝有缺？何所沾惹？内外合一。

今译

诸生做学问害怕心不能定止，只是要把内心的习气刮磨掉三层五层。就像刮磨金银一样，一番刮磨，就愈见得一番精明，完全刮磨就是一个大贤的心。习心就是人欲之心。心原来只是一个好心，那个不好的就是习心。习心被刮磨尽，则原本广大高明本体就自然复现，又哪有什么缺陷呢？又去哪里沾惹上人欲呢？只是内外合一罢了。

初学用功，茫然无着力处，只且于言动间存习。步趋要从

容，言语要和缓，步步言言要与心相应，一一使由中出，存习之久，自然成片段。

今译

初学用功，茫然没有着力的地方，只需要在视听言动之间去存养修习。走路步伐从容，说话言语和缓，每一步每一句话都要跟本心相对应，都是从本心中正处发出，存养修习久了之后，自然就会打成一片。

吾儒学要有用，自综理家务，至于兵农、钱谷、水利、马政之类，无一不是性分内事，皆有至理，处处皆是格物工夫。以此涵养成就，他日用世，凿凿可行。

今译

我们儒学要有用，从料理家务，到兵农、钱谷、水利、马政这一类的事情，没有一件不是自己性体分内的事，都是天理却在，每一件事都可以做格物的工夫。以此做涵养修身工夫，日后处事应物，便能从容可行。

评议

这几条讲如何处事做工夫，一个涉及初学者的入门问题，另一个涉及儒学的用功范围。就其入门来讲，是从一言一行、动作周旋中去进行训练。这种训练最开始是刻意的，动作是重复的，在什么场景做什么事，说什么话就会有章法，久而久之，动作与本心自然合一，这是工夫的纯熟。另外一个是工夫用力的范围，这里列举了家务、兵农、钱谷、水利诸事，将他所谓在日用伦常中做工夫进行了一番详细说明。有两点需强调：其一，儒家立世便是要做一个秩序与价值的参与者和建构者，不像道家以一种检讨者的形象进行反思、批判，也不像佛教讲缘起性空，以解构者的身份消解一切价值；其二，对儒家来讲，万事万物皆是道体流行，无处不是成道修身之地，这样就打通了形下经验世界与形上超验世界的区隔。儒家的道是常道，是庸道，正如程明道所讲，只要好好吃饭，也是造道之方。

序

叙遵道录

夫遵道何为者也？遵明道也。明道兄弟之学，孔、孟之正脉也。合内外、彻上下而一之者也。今夫为朱、陆之辨者赜[1]矣，或失则外，或失则内，或失则上，或失则下，吾弗敢遵焉尔。是故履天下之大道，而决天下之至赜者，莫大乎中正，中正者，救偏之极致也。述遵道。正德己卯春三月望，在大科书院。

注释

［1］赜，音zé，引申为深奥之意。

今译

“遵道”是遵从什么呢？就是遵从明道先生的学问。明道先生兄弟的学问，是继承孔子、孟子先圣的正脉。它是混合内外、贯彻上下而为一体的学问。现在那些为朱子、象山学问争辩的人，故作高深，有的失之于外，有的失之于内，有的失之于上，有的失之于下，这些都是我不敢遵从的。所以，走天下大道，与那些故作深奥玄妙的学问决绝，没有大过于中正的学问。中正的学问，是纠正偏颇的最好方法。这就是我们要追述、遵从明道先生学问的原因。正德己卯春三月十五日，于大科书院。

送杨少默序

杨少默游烟霞一载，将归潮，诣于甘泉子。甘泉子曰："呜呼！杨子，一尔心，毋支离尔学矣。""曷谓支离？"曰："或偏则外，或偏则内，二之皆支离也。人知偏外者之支离矣，而未知偏内者之为支离。偏外故忘本，忘本则迹；偏内故恶物，恶物则寂。二者皆支离之疚也。离也者，离也，贰而贰之也，是故致一则一矣。君子之学，内外合一，动静合几，体用合原，物我合体。内外合一者德，动静合几者神，体用合原者道，物我合体者性。尧曰'执中'，舜、禹曰'精一'，禹传之汤，汤以传之文、武、周公，周公传之孔子，曰'一贯'。孔子传之颜氏，曰'博约'。是故内外动静一矣。体用物我一矣。孔、颜之后，离而二之者渐矣。千有余年而后有周、程，故程子曰'一原'，曰'无间'。周、程之后，离而二之者甚矣。呜呼！一之者其谁乎？是故内外分而动静判，动静判而体用离，体用离而物我间。夫天之生物，一本也。夫道，一本者也，知不二本。又何有于内外？故一之而后可以入道，道无二也。"或曰："杨子于子之言契矣，闻内外体用物我之合一矣，执事斯敬矣，骎骎乎而之道

矣。吾子犹谆谆乎支离之戒，何居？”甘泉子曰：“傲慢游淫之戒，犹谆谆乎大圣也，何居？龟山之于程子也，晦翁之于延平也，犹不能无惑于离索之后矣，何居？夫适道者，不贰其途，虽万里可至焉；中道而贰之，则虽十里其能至之哉？呜呼！杨子，一尔心，无贰尔途矣。”

今译

杨少默在西樵山烟霞洞跟随甘泉先生游学一年，即将回潮州，向甘泉先生道别。甘泉先生说：“呜呼！杨子，做学问本心要内外合一，不能支离。”“什么是支离呢？”回答说：“或者偏颇于外，或者偏颇于内，将内外看成两件不同的事物都是支离。人们知道偏颇于外是支离，而往往不知道偏颇于内也是支离。偏颇于外，就会忘本，忘本就会落于行迹；偏颇于内，就会厌恶外物，厌恶外物内心就会枯寂。这两者都是支离的表现。‘离’就是分离，将本心与外物视为完全不相关的两个东西，在这个意义上，致一就是合一。君子的学问，是内外合一，动静合几，体用合原，物我合体的。内外合一是有德行的表现，动静合几是神妙莫测的表现，体用合原是天道的表现，物我合体是性体的表现。尧讲的‘执中’，舜和禹讲的‘精一’，由禹流传给汤，再由汤流传给文王、武王和周公，周公又流传给孔子，称为‘一贯’。孔子将它传给颜回，称为‘博约’，所以，内外动静合一，体用物我合一。孔子、颜子之后，人们渐渐将它们分开为两物。一千多年后，才有周子、程子承继先圣贤的思想，所以程子提出了‘一原’‘无间’。周子、程子以后，将它们分离为两个东西的做法越来越严重。呜呼！能够做到合一的人又有谁呢？所以，区分内外就会导致动静分判，动静分判就会导致体用分离，体用分离就会导致物我相间。其实，天地生育万物，都是一个共同的本原。天道，也只是一个本原，没有两个本原。又有什么是内与外呢？所以，能够合一然后才能体证天道，天道没有两个本原。有人说：“杨子跟着您游学的这段时间，对您的学说思想深有感契，得闻了内外体用物我合一的学说，做执事敬的工夫，就日渐趋向于天道了。临行前，您还要谆谆教诲，不要做支离的工夫，这是为什么呢？”甘泉子回答说：“只是因为怕你们陷入骄傲简慢放荡之中，就算是前贤大圣，有时候也难以避免，为什么？就算龟山从学于程子，晦翁从学于延平，也不能对支离之学没有疑惑，为什么？求取天道，如果不陷入支离，即使相隔万里仍然可以到达；而如果陷入支离，那么即使距离只有十里，还能到达吗？呜呼！杨子，本心合一，不要支离。”

古大学测序

甘泉子读书西樵山，于十三经得大学古本焉，喟然叹曰：“大学之道，其粲然示人博矣，其浑然示人约矣。明德亲民，其粲然矣乎！止至善，其浑然矣乎！夫非有二之也，其粲然者，乃其浑然者也。是故明德亲民以言乎大体矣。止至善以言乎实功矣。曷谓粲然？其体用周以弘，其分成己而成物，是故以言乎大体也。曷谓浑然？其理要，其学易简而久大，是故以言乎实功也。”曰：“请闻其要焉。”曰：“至善。至善也者，以言乎身心之于家国天下之事物之理之纯粹精焉者也。纯粹精焉者，非他也，天理也。天理者，非他也，吾心中正之本体也。明德亲民之奥也，其体用一原者也。是故止至善而明德亲民之能事毕矣。”曰：“曷止之？”曰：“自知止而能定静安虑，知行并进乎此者也。知所先后，知此者也。自天下而之格物，自格物而之天下平，始终反说，要归乎此者也。格物也者，即止至善也，言屡而意致矣，故止至善则无事矣。”或曰：“子之必主乎古本，何也？”曰：“古本以修身申格致，其教人也，力身之也，非口耳之也。学者审其词焉，其于道斯过半矣。是故其书完，其序严，其文理，其反复也屡，其义尽。大哉！博矣约矣，其道也其至矣乎！予惧斯文之晦，求之者博而寡要，劳而无功也，诚不自揣，谨离章集训而测焉，以俟君子。”

今译

甘泉子在西樵山读书，从十三经中得到古本《大学》，感叹道：“大学的道理，它璀璨的样子向人们展示其渊博，它浑沦的样子向人们展示其简约。《大学》中的明德、亲民，就是它义理粲然的表现；而止至善，就是它义理浑然的表现！但是，它们不是两个不同的东西，《大学》的粲然也是浑然。在这种意义上，明德亲民申明其本体宗旨，而止至善则在申明修习工夫。什么是粲然呢？它的本体周全而弘大，它的发用成己而成物，这是在讲《大学》的本体宗旨。什么是浑然呢？它的道理简要，而它的学问简易而久大，这是在讲《大学》的修习工夫。”请问它的要旨是什么？回答说：“我们先讲至善。所谓至善，讲的是我们的身心对于家国天下等事物的理则的精细纯粹的表现。而这精细纯粹，并不是其他什么东西，它就是天理。而天理，又不是其他什么东西，它是我们本心中正的本体。而明德亲民的奥旨，就是本体与发用是同一个本原。所以，做到止至善，那么明德亲民自然也就做到了。”请问如何做到“止至善”呢？回答说：“《大学》中从‘知止’到‘定静安虑’这段文本，其中所讲到的修身工夫都是要通过知行并进才能到达。所谓‘知所先后’，所知道的就是这个道理。而无论从‘自天下’到‘格物’，还是从‘格物’到‘天下平’，都是在讲这个要旨。所以，格物就是止至善，做到止至善就能无事了。”有人问：甘泉子这么重视《大学》古本，这是为什么呢？回答说：“《大学》古本用修身来申明格物致知的工夫，教人做工夫要亲身落力去做，而不能嘴上说说而已。为学的人认真斟酌其间的含义，就能了解其中主要的道理。所以《大学》古本内容完整，它的序言严谨，它的文理反复而其义涵穷尽。多么博大呀！渊博而简约，它的道理非常极致！我担心古本《大学》文字晦涩，想要了解它义理的人很多，但真正能知道的人又太少，徒劳无功，所以独自揣度，对古本《大学》进行训解而成《大学测》一书，希望对求学的人有帮助。”

小瀛赠别序

戴子谪乌石六年矣，而问学，甘泉子曰：“政。”他日，以诏迁守于延平，且行矣，而问政，甘泉子曰：“学。”“请闻焉。”甘泉子曰：“夫学一政也，政一学也。二之则支，二之则离，夫支离之弊也，久矣。”曰：“有要乎？”曰：“有。法天之行，体天之理焉，尽矣。”曰：“有征乎？”曰：“有。吾征诸《大学》，曰‘格物’。格物也者，体乎天之理而为言者也。

故自意心身焉，而家国天下焉，故知一本也，孰二乎学矣？孰二乎政矣？夫即政即学，故其学也实，即学即政，故其政也纯。纯实者，天下之至善也，至善立而学政一，学政一则无事矣。仕优则学，学优则仕，是故知合一之说……”

今译

戴子贬谪乌石六年，曾经向甘泉子问治学，甘泉子回答说：“治政。”后来，戴子奉诏迁延平守官，临行前向甘泉子请教治政，甘泉子回答说：“治学。”戴子请问其中的义涵。甘泉子说：“治学和治政是一体的，治政和治学是一体的。将它们看成两个不同的东西是肢解，是离析。支离所带来的弊端已经很久了。”戴子问：“政学合一的理论有要旨吗？”甘泉子回答说：“有。效法天地的运行，体察天地的理则，就能穷尽了。”戴子问：“有验证吗？”甘泉子回答说：“有。我是从《大学》文本中的‘格物’说中得到验证的。所谓的格物，就是先贤体察天地理则而立言的。所以，从意心身到家国天下的文本中，就可以知道它们是一体的。难道治学和治政还有不同吗？所以，在治政中治学，治学也变得实用，在治学中治政，治政也变得纯粹。纯粹实用，是天下的至善。至善确立则政学一体，政学一体则天下无事。为官优秀则治学，治学优秀则为官，这就是知行合一的学说……”

赠龙游子祝宪佥序

惟岁癸未之夏，祝子拜佥广东之宪，而访于政。甘泉子曰：

"莫学非政矣。"薛子请以学告，则又曰："莫政非学矣。"故君子之道，成诸性，达诸事业；小人之道，局于器，滞于影响。君子乐得其道，小人乐得其故。道则通，通则神，神则人化之；故则执，执则物，物则人畏之。故君子浑浑尔，小人硁硁尔。嗟哉！祝子其必为君子之学，而成仁者之政矣，吾有所试之矣。或曰："曷谓君子浑浑之道？"甘泉子曰："君子之学反其初而已。"曰："曷谓初？"曰："初者与万物一也，万物与天地一也，能知与天地万物一，则可与几矣。是故人之大，初也，与天地万物一。一者，无物也，无物故能与道一。今夫骐骥，千里之足也，物有累之，则不能以十里也。大鹏抟扶摇而九万，一绳系之，则不能上咫尺。蝜蝂之虫，以物自累，而不能致远。夫物则固有然者矣，而况于人乎！是故君子浑然而太虚，体物而无累。太虚者其天乎！是以至大生焉。体物者其地乎！是以至广成焉。存至大者德也，发至广者业也，《易》曰：'乾知太始，坤作成物。'是故知太始者存乎仁，作万物者存乎义，一至道者存乎广大。盛德大业，至矣哉！惟学惟政，一以贯之，吾于龙游子有待矣。"

今译

癸未年夏，祝子任职广东佥事，向甘泉子请教治政之事。甘泉子说："治学没有不是治政的。"薛子又向甘泉子请教治学之事，甘泉子却又说："治政没有不是治学的。"所以，君子所做的事，是成之于心性，而到达于各种事业；而小人所做的事，则是局限于自己的器具，又执滞在外界无影无形的事情。君子以遵循天道为快乐，而小人则以专注某件具体的事情为快乐。遵从天道就会通遂，通遂就会神测不透，神测不透则人们就能与他同化；专注于具体事情就会变得执滞，执滞就会产生物欲，有物欲那么人们就会畏惧他。所以，君子能够与万物浑浑，而小人则只会浅陋固执。是啊！祝子一定会治君子的学问，而成就仁者之政事。我是有所尝试的。有人说："什么是君子浑浑之道？"甘泉子说："君子的学问只是返回本初的状态而已。"又问："什么是本初的状态？"甘泉子说："我们本初的状态是和万物同一，万物和天地也是同一的。一个人能知道与天地万物同一，才可以和他讲其中机窍的事情。所以，一个人的弘大就是他返回到本初的状态，本初，就是能够与天地万物同一。同一，就是一种没有丝毫物欲的状态，没有物欲就能够与天道同一。这就像骐骥一样，拥有日行千里的脚，但是如果有物负累它，它一天也走不了十里。大鹏能够依借旋风而上九重天，但是如果用绳索绑住它，那么它连咫尺之远也飞不了。蝜蝂之虫，遇到东西就自取背负，自己负累而不能走远。天地已然有因为物累而束缚自己的生物，何况是人呢！所以，君子浑然而与太虚同体，体察天地万物而没有物累。太虚就是天，所以至大者生生不息，体察万物的就是地，所以至广育成万物。存养至大的是天德，而生发至广的就会成就各种事业，《易经》讲：'乾知太始，坤作成物。'能够了解太始的人在仁德中存养，而能够作育万物的人则是在义德中存养，而能够到达天道的人则在天地广大中存养。人世的盛德大业，就是天地广大极致的表现！你此去广东，要将治学与治政合一，一以贯之，我对龙游子有殷切的期待呀。"

圣学格物通大序

臣若水序曰：夫圣学格物通何为者也？明圣学也。明圣学，何以谓之格物通也？程子曰："格者至也，物者理也，至其理乃格物也。""致知在所养，养知莫过于寡欲。"夫以涵养寡欲言格物，则格物有知行之实，非但闻见之粗矣。然则何以至其理也？知止，知也；定静安虑，行也；知行并进，格物之功尽于此矣。夫通有四伦焉，有总括之义焉，有疏解之义焉，有贯穿之义焉，有感悟之义焉。夫圣人之道莫备于大学，大学曰："欲明明德于天下者，先治其国；欲治其国者，先齐其家；欲齐其家者，先修其身；欲修其身者，先正其心；欲正其心者，先诚其意；欲诚其意者，先致其知；致知在格物。物格而后知至，知至而后意诚，意诚而后心正。心正而后身修，身修而后家齐，家齐后国治，国治而后天下平。"夫自天下逆推本于格物，是格物乃其本始用功之要也。又自物格顺循效于天下，是格物乃其本始致效之原也。经曰："物有本末，事有终始。"格物者其本始之谓乎！彭龟年曰："其节虽繁而道甚要，格致而已。"张南轩曰："自诚正以至平治，固无非格致事也。"伏睹我太祖高皇帝谕侍臣曰："大学一书，其要在修身。"而大学古本以修身释格致，曰："此谓知本，此谓知之至也。"经文两推天下国家身心意，皆归其要于格物，则圣祖盖深契古本大学之要矣乎！由是言之，圣人之学通在于格物矣。故曰："有总括之义焉。"凡意之事，则诚意之类举之矣。凡心之事，则正心之类举之矣。凡身之事，则修身之类举之矣。凡家之事，则齐家之类举之矣。凡国之事，则治国之类举之矣。凡天下之事，则平天下之类举之矣。辑事以从其类，取义以畅其情，故曰："有疏解之义焉。"列诚意，所以欲其于意焉格之也。列正心，所以欲其于心焉格之也。列修身，所以欲其于身焉格之也。列齐家，所以欲其于家焉格之也。列治国，所以欲其于国焉格之也。列平天下，所以欲其于天下焉格之也。意心身之于家国天下之事，非二也，一以贯之也。故大学于诚意，曰"好恶"，曰"慎独"；于正心，曰"忿懥"，曰"忧患"，曰"恐惧"，曰"好乐"；于修齐，曰"辟"，曰"好恶"；于齐治，曰"孝弟慈"，曰"心诚求"，曰"恕"；于治平，曰"絜矩"，曰"辟"，曰"好恶"，曰"忠信"，曰"仁义"，皆以其心言之也。而通之于各条，因事以明其理，因理而会诸心，通一无二，故曰："有贯穿之义焉。"是故君子之学，读诚意之事，则感其意之理；读正心之事，则感其心之理；读修身之事，则感其身之理；读齐家之事，则感其家之理；读治国之事，则感其国之理；读平天下之事，则感其天下之理。理也者，吾之良知也；学之者，所以觉其良知也，知也。存之又存，存存而不息，由一念以达诸万事，皆行也，故曰："有感悟之义焉。"是故读斯通者，意心身家国天下之理皆备于我矣。故君得之以成其仁，臣得之以成其敬，学士得之以成其德，家国天下之民得之以会极而归极，是故圣人之学，无余蕴矣。或曰："诸通无格致者，何也？”曰：“诚意、正心、修身、齐家、治国、平天下之事，无非格致之地也。夫又何赘焉！”或又曰：“夫格致而不及天地万物者，何也？”曰：“意心身家国天下一贯，圣门切问近思之学也。然而天地万物同体无外矣。虽位育配天可也，何高远之求？”或疑曰：“真德秀之衍义，丘浚之补具矣。而乃又有格物通者，何居？”臣应之曰：“孔门一本无二之指，臣幸得之于正经，证之于诸儒，仰稽于我皇祖之训者，上下十余年，而思欲效其愚见者，久矣。乃今伏闻圣明四年七月初四日诏，令文臣撮经书史鉴有关帝王德政之要者，直解进览。臣实欣庆圣学日升，务求典要。窃念臣亦旧忝词臣讲官也，心在皇室，忠切劝学，故不揣疏愚，远自伏羲、二帝、三王，与夫诸儒之格言，近至我祖宗列圣之谟烈，章采而节释之，不诡于衍义与补，而容或少有发明而一助焉，庶或上裨圣明进德修业合一之要领，且明经文直以格物为诸条之统会枢纽也。有随事体认之实，合孔门求仁一贯之指。夫圣人之学，体用一原，本末远近兼致，知行并进者也。此臣格物通之所以作也。”嘉靖壬午六月初一日。

今译

臣湛若水作序说：为什么要撰写《圣学格物通》呢？这是为了彰明圣学。那又为什么叫“格物通”呢？程颐曾经说过：“格者至也，物者理也，至其理乃格物也。”又说：“致知在所养，养知莫过于寡欲。”所以，用涵养、寡欲来解释格物，那么格物就兼有实实在在的知行工夫了，而不只是粗鄙的见闻。然而，如何才能够“至其理”呢？知止，就是知；定静安虑，就是行；知行并进，也就能穷尽格物的工夫了。而“通”有四个含义：总述概括的含义，分析疏解的含义，贯通的含义，也有感悟的含义。圣人所讲的道理没有比《大学》更为完备了。《大学》说：“欲明明德……（译文略）”从天下开始逆推，而肇本于格物，所以格物是最初用功的根本要领。又从物格顺推到天下，所以格物是最初发生效验的本原。经文说：“物有本末，事有终始。”格物就是经文中所指的本始。彭龟年说：“其节虽繁而道甚要，格致而已。”张南轩说：“自诚正以至平治，固无非格致事也。”我拜读太祖高皇帝训谕侍臣的话：“《大学》一书，其要在修身。”而《大学》古本正是以修身来解释格物致知，所以说：“此谓知本，此谓知之至也。”经文两次推究天下国家身心意，都将其要旨归为格物，所以太祖高皇帝的训谕真的非常契合古本《大学》的要旨呀！从这里来讲，圣人之学在格物这里得到通括，所以说有“总括的含义”。凡是涉及“意”的事情，就用诚意一类来类举。凡是涉及“心”的事情，就用正心一类来类举。凡是涉及“身”的事情，就用修身一类来类举。凡是涉及“家”的事情，就用齐家一类来类举。凡是涉及“国”的事情，就用治国一类来类举。凡是涉及“天下”的事情，就用平天下一类来类举。按照类别来辑集不同的事情，求取其中的义理而舒畅其情志，所以说它有“疏解的含义”。列举诚意，是要申明其在意上做格物的工夫。列举正心，是要申明其在心上做格物的工夫。列举修身，是要申明其在身上做格物的工夫。列举齐家，是要申明其在家上做格物的工夫。列举治国，是要申明其在国上做格物的工夫。列举平天下，是要申明其在天下做格物的工夫。意心身和家国天下之事，并不是两个完全不同的事物，它们是一以贯之的。所以《大学》中是用“好恶”“慎独”来解释诚意；用“忿懥”“忧患”“恐惧”“好乐”来解释正心；用“辟”“好恶”来解释修身齐家；用“孝悌慈”“心诚求”“恕”来解释齐家治国；用“絜矩”“辟”“好恶”“忠信”“仁义”来解释治国平天下，这些都是从心的角度来讲的。又将各个条目加以贯通，通过不同的事情来申明其中的道理，又通过其中的道理来会通不同的心，贯通为一而不区隔为两个不同的东西，所以说它有“贯穿的含义”。在这个意义上，君子的学问，读到诚意一类的事情，就会感悟到关于意的道理；读到正心一类的事情，就会感悟到关于心的道理；读到修身一类的事情，就会感悟到关于身的道理；读到齐家一类的事情，就会感悟到关于家的道理；读到治国一类的事情，就会感悟到关于国的道理；读到平天下一类的事情，就会感悟到关于天下的道理。我们这里讲到的道理，就是“我”的良知；治学，只是觉悟“我”的良知，这就是致知。通过致知而存养不息，由我们的一念之发而到万事万物，就是行动，所以说它有“感悟的含义”。所以，能够读通古本《大学》，那么自然能够对意心身家国天下的道理了然于心。君主读通就能够成就他的仁政，臣下读通就能够成就他的恭敬，学士读通就能够成就他的德行，家国天下的民众读通就能够会通而归于天下之治，所以圣人的学问是没有任何保留的。有人会问：“你上面分析的格物通的各种含义，没有特别讲到格物致知的工夫，这是为什么呢？”回答说：“诚意、正心、修身、齐家、治国、平天下，没有不是格物致知工夫用力的地方，又何必再重复说呢？”又有人会问：“只讲到格物致知的工夫，而没有涉及天地万物，这又是为什么呢？”回答说：“意心身家国天下一以贯之，都是圣门慎思切近的学问。天地万物本来就是浑然同体而没有区隔。即使是位育配天也是如此，又有什么高远的事情可以求取呢？”又有人质疑说：“真德秀的《大学衍义》、丘浚的《大学衍义补》这两部书已经阐释完备。但是现在又再作格物通，这是为什么呢？”臣湛若水回应说：“孔门一以贯之的圣学要旨，十多年来，臣有幸从圣人流传下来的经典中学习，又从后世儒者的思想学问中得到证明，又在考究了太祖高皇帝的圣训，而想要将臣下多年习得的愚见阐释出来。臣得知嘉靖四年（1525）七月初四的诏书，命令文臣搜集经书史鉴中有关帝王德政的理论结集成书，而直接呈献给君主。臣非常高兴圣人的学问日益得到重视，所以一定要去求取经典。而且臣曾经蒙幸忝列筵席讲官，我一直心系皇家，忠切劝学，所以不揣自己的粗疏愚昧，将从伏羲、二帝、三王，以及历世儒者的理论和我朝列祖列宗的圣训，按不同章节汇集并进行疏解，并不会与《大学衍义》和《大学衍义补》中的内容相抵牾，而且对《大学》的内容也或多或少有所发明，又能增进皇上进德修业合一的要领，而且也以格物作为大学其他条目会通的枢纽，以此来阐明经文。格物通中既有随事体认的工夫，又能契合孔门求取仁德一以贯之的宗旨。圣人的学问，本体和发用都是一个本原，本末远近的事情也都能达到，这就是知行并进了。这就是臣为什么撰写《格物通》的原因了。”嘉靖壬午年六月初一日。

书

上白沙先生启略拾遗

门生湛雨顿首百拜尊师白沙老先生函丈执事。自初拜门下，亲领尊训至言，勿忘勿助之旨，而发之以无在无不在之要，归而求之，以是持循，久未有着落处。一旦忽然若有开悟，感程子之言：“吾学虽有所受，天理二字，却是自家体认出来。”李延平云：“默坐澄心，体认天理。”愚谓“天理”二字，千圣千贤大头脑处。尧、舜以来，至于孔、孟，说中，说极，说仁、义、礼、智，千言万语都已该括在内。若能随处体认真见得，则日用间参前倚衡，无非此体，在人涵养以有之于已耳云云。丁巳冬十月一日，门生湛雨百拜顿首顿首谨启。

今译

门生湛雨向恩师白沙老先生百拜顿首。自从拜在先生门下，亲身聆听先生教诲，您教给我勿忘勿助的宗旨，告诉我说工夫要在无在无不在之间修习。我从江门回到增城，按照您教给我的方法修习，一直没有找准着力的地方。直到有一天晨间，我忽然有所体悟，感悟到程子所讲：“吾学虽有所受，天理二字，却是自家体认出来。”还有李延平讲：“默坐澄心，体认天理。”学生以为“天理”二字，是千圣千贤工夫的大头脑处。自从尧舜以来，直到孔子、孟子，先贤们说中，说极，说仁义礼智，其中千言万语，都可以概括为“天理”这两个字。如果能够随处体认，真切见得天理朗现，那么我们在日常间应事处物，就没有不是此天理的流行，这只不过是在学者去涵养它而使之与我们融贯为一体而已。丁巳冬十月一日，门生湛雨百拜顿首。

再答郑进士启范

夫学以立志为先，以知本为要。不知本而能立志者，未之有也。立志而不知本者，有之矣，非真志也。志立而知本焉，其于圣学思过半矣。夫学问思辨所以知本也，知本则志立，志立则心不放，心不放则性可复，性复则分定，分定则于忧怒之来，无所累于心性，无累斯无事矣。苟无其本，乃憧憧乎放心之求，是放者一心，求之者又一心也。则情炽而益凿其性，性凿则忧怒之累无穷矣。故从事学问则心不放，是乃不求之求。故子夏曰：“博学而笃志，切问而近思，仁在其中矣。”故曰“不求之求”也。夫情之荡也，忧怒为甚。横逆之来，可怒而怒，怒在物；父母之难，可忧而忧，忧在事。是忧怒系于事物，不系于心也。故舜、禹有天下不与，而终身忻然者，此也。故曰“忧乐并行而不相悖”者也。

今译

为学首先是立志，而最切要的是知道什么是为学的根本。不知为学的根本而能立志的，从来就没有过。不过，立志而不知根本的，倒是有，但这并不是真志。志立而知道为学根本，这对于圣学意涵的思考就八九不离十了。学问思辨是为学的根本，知道了根本在哪里，志向自然挺立，志向挺立则本心不会放荡，本心不放荡，则性体就可以返复，性体返复则性分确定，性分确定，那么忧伤和愤怒的生发，就不会成为心性本体的累赘，这样本心就无事了。假如没有为学的根本，那么急切寻求回放荡之心的时候，所放的是一个心，而寻求的又是另外一个心。这样，情感炽热浓烈，却只会更损坏性体，性体受损则受忧怒所累自然会无穷无尽。所以做学问的工夫，心自然不会放荡，这才是不刻意寻求的求取。所以子夏说：“博学而笃志，切问而近思，仁在其中矣。”所以才说这是“不求之求”。在情感的放荡中，忧伤和愤怒最糟糕。我们遭受外在的横暴，因事情应该发怒而发怒，发怒的原因在于事；父母遭难，因事情应该忧伤而忧伤，忧伤的原因在于事。忧伤和愤怒生发的原因是事物本身，而不是肇始于我们的内心。所以舜、禹拥有天下，却不将自己的身心附予天下，却终身非常愉悦开心，就是这个原因。所以才说“忧乐并行而不相悖”。

复方西樵

承示观书册而得心病，别求安乐法，以了此心。见近来觉悟处。然窃闻陶渊明好读书不求甚解，孔明读书不求记。盖古之知道者如是。而明道读书不蹉过一字，作字时甚敬，即此是学，是即孔子所谓执事敬也。至于酬应事物，游玩山水皆然，岂特读书然哉？盖读书有涵泳持养之功，有穷格发明之益，于此有得，必有不知其手舞足蹈之乐，心广体胖之验，而吾弟以为心病者何耶？圣贤之书，将以养心，非以病心也。无乃求之太深，索之太苦，而所谓执事敬者，犹有未得其要乎？且其语意间似有内非外，判心迹而两之之病，吾弟初不自觉。又云："别求安乐之法"，而安乐之法，舍敬又何所求耶？语云："中心斯须不和不乐，则鄙诈之心入之矣。"又云："敬则自然和乐。"是古人所以存其心养其性，而安乐之法将于是乎在。夫存心之说则闻之矣，至于了心之说，则不肖所未闻。

今译

看到来信说你看书得了心病，因此要在读书之外寻求安乐法，以此来了彻本心。从这里看，你近来工夫有了新的体悟。但是，我听说陶渊明喜欢读书，却不求甚解，孔明读书却不求记忆。自古那些知道的人都是这样。而程明道读书的时候不放过一个字，写字的时候内心十分敬谨，就是这种学问，这也是孔子所讲的"执事敬"。至于平时处事应物、游山玩水也是这样，岂是读书才这样呢？读书有涵泳持养工夫，有格物穷理发明本心的益处，读书上得意，一定有不知手舞足蹈的快乐，心宽体胖的效用，而吾弟以为读书是心病，这又是为什么呢？圣贤所作之书，是用来养心，而不是让心生病的。读书不要从字义上探求得太深，思索得太苦，这样所谓的"执事敬"，还有不能得其要旨吗？况且，你的来信中似有是内非外，将本心与形迹分判为两个不同事物的弊病，吾弟起初不能自我察知。来信又说："别求安乐之法"，但是本心的安乐之法，舍弃敬慎的工夫又向哪里去求取呢？古语有说："中心斯须不和不乐，则鄙诈之心入之矣。"又说："敬则自然和乐。"这是古人存养心性本体的方法，而本心安乐的法门也在此间。存养本心的教法我就有听闻，至于了彻本心的说法，我却从来没有听过。

评议

在甘泉的义理框架中，学问思辨行的工夫并不是一种外在的读书穷索，而与寡欲构成一内外夹持的两轮工夫。前文指出甘泉亦重视良心（知）的概念，只不过这个良心（知）只是"初心一点真切处"，只是一个善的萌端而已，必须对学问思辨行的工夫予以培养扩充，但是这种扩充"非外有所增而致力也"。因此，在甘泉看来，学问思辨笃行之扩充心体，并不是由外而内向心体的"注入"或"增加"，它只是对本心的"唤醒"而已。这种"唤醒"并不是一种柏拉图式的"灵魂回忆说"，它唤醒的不是人心本有的道德知识，在甘泉看来这些道德知识恰恰是需要后天教养和学习的，它所"唤醒"的不过是人心中原本就具有的生意或生机，唤醒的是一种"闻人一善言、见人一善行"而决江河、沛然莫之能御的向善、为善的道德力量。在甘泉看来，这种学问思辨行的扩充是"不得已焉"的，它不待人力之特意安排，心体中那勃勃生意、生机也不会因为学问思辨行而增加一分或减少一毫：它就在那里，只待你去唤醒它。所以读书亦是如此，必须挺立其本心，而不是整副身心都投入书册上面，甘泉也说过："人心中天理具备，读书亦唤惺一番，何等有益！此与亲师友一般，若不读书，则亲友亦不该亲耶？亦不过唤惺此心之意。我固有之，师友亦不能与我也。”[1]这里的“意”即是“生意”，在甘泉看来，读书与亲师友一样都是为了唤醒吾心之生意而已。如何才能使学问思辨行之功“人力不与，而生生不已”？甘泉认为必须学问思辨行于勿忘勿助之间，而这首先必须“立其本”，否则它们都将成为一“物”而阻塞、扼杀心体之生意。如果能够做到“学而无学”“问而无问”“思而无思”“辨而无辨”“行而无行”，那么自然不会为书本所迁移或执滞在上面，便能通体达畅，而不知手舞足蹈，其乐生矣。

答余督学

阳明不专于静之说，即仆之说也。古之论学未有以静坐为言者，而程氏言之，非其定论，乃欲补小学之缺，急时弊也。后之儒者，遂以静坐求之，过矣。古之论学未有以静为言者，以静为言者皆禅也。故孔门之教，皆欲事上求仁，动时着力，何者？静不可以致力，才致力即已非静矣。故《论语》曰：“执事敬。”《易》曰：“敬以直内，义以方外。”《中庸》“戒慎恐惧慎独”，皆动以致其力之方也。何者？静不可见，苟求之静焉，骎骎乎入于荒忽寂灭之中，而不可入尧、舜之道矣。故《易》曰：“复其见天地之心乎！”复也者，一阳动也。非复则天地之心不可得而见矣。天地之心不可得而见，则天理或几乎息矣。故善学者，必令动静一于敬，敬立而动静混矣。此合内外之道也，性之

① 《答问·郭应奎问目六十条》，《甘泉先生续编大全》卷二十八。

德也。虽然，言之易，行之难，非一朝一夕之故也。当为吾兄共勉之，以倡明斯道。幸甚。

今译

王阳明不专门做静坐工夫的学说，跟我的主张是一样的。古代论学的人没有专以静坐工夫作为立言的宗旨，而程子曾经对静坐有专门阐发，但那并不是他的定论，只是想要弥补小学工夫的缺失，想要解决当时学者的弊端而已。但是后来的儒者，却想通过静坐来进入圣门，这就过头了。古代论学的人都没有以静坐作为立言的宗旨，以静坐作为立言宗旨的都是禅学。所以孔门教法都是要学者在事上磨炼求仁，在本心感动应事时用力，为什么呢？因为静时不能够用力，才一用力就已经不是静了。所以《论语》才讲："执事敬。"《易经》讲："敬以直内，义以方外。"《中庸》讲："戒慎恐惧慎独。"这些都是讲在动时用力修身的方法。为什么呢？因为静时工夫不可见，如果在静时修身，那么很容易进入荒忽寂灭之中，而不可能进入尧舜圣域。所以《易经》讲："复其见天地之心乎！"所谓回复，就是阳气萌动。没有阳气回复，那么天地之心就不可得而显见。天地之心不可得而显见，那么天理就差不多会窒息。所以善于为学的人，一定要在动静之间用执事敬的工夫，本心的敬体挺立，而动静混合。这是合内外之道，性体的德性。虽然说起来容易，做起来难，并不是一朝一夕能够做好的。但我愿和吾兄共勉，共同倡明这个道理。这真是有幸呀！

答阳明

格物之说甚超脱，非兄高明，何以及此！仆之鄙见大段不相远，大同小异耳。鄙见以为格者至也，“格于文祖”，“有苗格”之格。物者，天理也，即“言有物”“舜明于庶物”之物，即道也。格即造诣之义，格物者即造道也。知行并造，博学、审问、慎思、明辨、笃行皆所以造道也。读书亲师友酬应，随时随处皆求体认天理而涵养之，无非造道之功。意、身、心一齐俱造，皆一段工夫，更无二事。下文诚正修功夫皆于格物上用了，其家国天下皆即此扩充，不是二段，此即所谓止至善。故愚尝谓止至善则明德亲民皆了者，此也。如是方可谓之知至。若夫今之求于见闻之末，谓之知至可乎？知至即孔子所谓闻道矣，故其下文以修身释格物，而此谓知之至，可征也。故吾辈终日终身只是格物一事耳。孟子“深造以道”即格物之谓也。“自得之”即知至之谓也。“居安资深逢原”即修齐治平之谓也。

今译

格物的学说如此超脱，如果不是吾兄高明，又怎么能这样！我的观点也跟兄的见解差不多，大同小异而已。我认为“格”的意思是至的意思，来的意思。是“格于文祖”“有苗格”的格。所谓的“物”，是指天理的意思，也就是“言有物”“舜明于庶物”的物，也就是天道的意思。格是造诣的意思，所以格物就造道，到天理那里去的意思。知行并进，博学、审问、慎思、明辨、笃行，都是造道的方法。读书、亲近师友、处事应物，随时随处体认天理、涵养天理，无不是造道的方法。意念、身体、本心都一起俱到，都是一段工夫，更没有其他工夫。下文中诚意、正心、修身工夫都在格物上用了，而齐家、治国、平天下都是格物工夫的扩充，不是两种不同的工夫，这就是所谓的止于至善。所以我曾经说过做到止于至善，那么明明德、亲民的工夫自然也就做好了，就是这个意思。做到这样才可以叫作求取到知识了。假如我们今天求之于见闻之知，然后把它叫作求取到知识了，可以吗？知至也就是孔子讲的闻道，所以《大学》下文用修身来解释格物，而将其叫作知之至，可以做佐证。所以我们的修身工夫，终日终身都只是格物一事。孟子的“深造以道”，就是格物的意思。“自得之”就是知至的意思。“居安资深逢原”就是修身齐家治国平天下的意思。

答阳明王都宪论格物

两承手教格物之论，足仞至爱。然仆终有疑者，疑而不辨之则不可，欲辨之亦不可。不辨之，则此学终不一，而朋友见责。王宜学则曰：“讲求至当之归，先生责也。”方叔贤则亦曰：“非先生辨之，其谁也？”辨之，则稍以兄喜同而恶异，是己而忽人。是己而忽人，则己自圣而人言远矣，而阳明岂其然乎？乃不自外而僭辨之。盖兄之格物之说，有不敢信者四。自古圣贤之学，皆以天理为头脑，以知行为工夫，兄之训格为正，训物为念头之发，则下文诚意之意，即念头之发也，正心之正即格也，于文义不亦重复矣乎？其不可一也。又于上文知止能得为无承，于古本下节以修身说格致为无取，其不可二也。兄之格物训云：“正念头也。”则念头之正否，亦未可据。如释、老之虚无，则曰：“应无所住而生其心”，无诸相无根尘，亦自以为正矣。杨墨之时皆以为圣矣，岂自以为不正而安之，以其无学问之功，而不知其所谓正者乃邪，而不自知也。其所自谓圣，乃流于禽兽也。夷、惠、伊尹，孟子亦以为圣矣，而流于隘与不恭而异于孔子者，以其无讲学之功，无始终条理之实，无智巧之妙也。则吾兄之训徒正念头，其不可三也。论学之最始者，则《说命》曰：“学于古训，乃有获。”《周书》则曰：“学古入官。”舜命禹则曰：“惟精惟一。”颜子述孔子之教则曰：“博文约礼。”孔子告哀公则曰：“学、问、思、辨、笃行。”其归于知行并进，同条共贯者也。若如兄之说，徒正念头，则孔子止曰“德之不修”可矣，而又曰“学之不讲”，何耶？止曰“默而识之”可矣，而又曰“学而不厌”何耶？又曰“信而好古敏求者”何耶？子思止曰“尊德性”可矣，而又曰“道问学”者何耶？所讲、所学、所好、所求者何耶？其不可四也。考之本章既如此，稽之往圣又如彼，吾兄确然自信而欲人以必从，且谓圣人复起不能易者，岂兄之明有不及此？盖必有蔽之者耳。若仆之鄙说似有可采者五。训格物为“至其理”，始虽自得，然稽之程子之书，为先得同然，一也。考之章首“止至善”，即此也，上文“知止、能得”为知行并进，至理工夫，二也。考之古本下文，以修身申格致，为于学者极有力，三也。《大学》曰："致知在格物。"程子则曰："致知在所养，养知在寡欲。"以涵养寡欲训格物，正合古本以修身申格物之旨为无疑，四也。以格物兼知行，其于自古圣训学、问、思、辨、笃行也，精一也，博约也，学古、好古、信古也，修德、讲学也，默识、学不厌也，尊德性、道问学也，始终条理也，知言养气也，千圣千贤之教为不谬，五也。五者可信，而吾兄一不省焉，岂兄之明有不及此？盖必有蔽之者耳。仆之所以训格者，至其理也。至其理云者，体认天理也。体认天理云者，兼知行合内外言之也，天理无内外也。陈世杰书报吾兄疑仆随处体认天理之说，为求于外，若然，不几于义外之说乎？求即无内外也。吾之所谓随处云者，随心、随意、随身、随家、随国、随天下，盖随其所寂所感时耳，一耳。寂则廓然太公，感则物来顺应，所寂所感不同，而皆不离于吾心中正之本体。本体即实体也、天理也、至善也、物也，而谓求之外，可乎？致知云者，盖知此实体也、天理也、至善也、物也，乃吾之良知良能也，不假外求也。但人为气习所蔽，故生而蒙，长而不学则愚，故学、问、思、辨、笃行诸训所以破其愚，去其蔽，警发其良知良能者耳，非有加也，故无所用其丝毫人力也。如人之梦寐，人能唤之惺耳，非有外与之惺也。故格物则无事矣，大学之事毕矣。若徒守其心而无学、问、思、辨、笃行之功，则恐无所警发，虽似正实邪，下则为老、佛、杨、墨，上则为夷、惠、伊尹是也。何者？昔曾参芸瓜，误断其根，父建大杖击之，死而

复苏。曾子以为无所逃于父为正矣，孔子乃曰："小杖受，大杖逃。"乃天理矣。一事出入之间，天人判焉，其可不讲学乎？诘之者，则曰："孔子又何所学？心焉耳矣。"殊不知孔子至圣也，天理之极致也，仁熟义精也，然必七十乃从心所欲不踰矩。人不学，则老死于愚耳矣。若兄之聪明，非人所及，固不敢测，然孔子亦尝以学自力，以不学自忧矣。今吾兄望高位崇，其天下之士所望风而从者也，故术不可不慎，教不可不中正。兄其图之！兄其图之！则斯道可兴，此学可明矣。

今译

两次承蒙兄手教格物的论旨，足以知道兄对我的关爱。不过，我始终对兄的观点有所疑虑，有疑虑不可以不去辨析，又不可以去辨析。不去辨析它，那么学问终究不能同一，而受到学友的责问。王宜学就说："讲求至当的归旨，是先生的责任。"方叔贤也说："先生不去辨析，又有谁可以做到呢？"如果辨析，那么就会认为兄喜欢同一而厌恶差异，肯定自己而否定他人。肯定自己而否定他人，那么就会自认为是圣人，而认为别人距离圣域还很远，但是阳明难道是这样的吗？所以，我不把自己当外人，而将我心中的疑虑进行辨析。兄所讲的格物说，我有四点疑虑。自古以来，圣贤学问都是以天理作为学问的大头脑，而以知行作为修身的工夫。但是，兄将"格"字解释为"端正"，将"物"字解释为"生发的念虑"，那么，下文诚意的"意"字，也是念虑生发，正心的"正"也是"格"的意思，这在文义上不是前后重复吗？这是第一点疑惑。这样解释，对上文"知止能得"来讲又没有承接，而对古本下文用修身来说格物致知又没有根据，这是第二点疑惑。兄把格物解释为“端正念头”，那么念头是否端正，也没有根据。这就比如佛家、道家所讲的虚无，它们说“应无所住而生其心”，没有名相也没有根尘，它们也认为自己的念头是对的。杨墨那个时候，他们都认为自己是圣人，难道他们会自认为不正而安心处之，这是因为他们没有学问工夫，而不知道所谓的中正乃是邪妄而已，这是他们不自知。所以他们所谓的“圣人”，最终会流入“禽兽”之列。伯夷、柳下惠、伊尹这些贤者，孟子也认为是圣人，但是他们流于狭隘与不恭敬而与孔子有所不同的地方，在于他们没有做讲学的工夫，而没有始终贯穿条理的实情，也没有智巧的妙用。吾兄只是把格物解释为正念头，这是第三点疑惑。讨论学问最开始，例如《说命》说：“学于古训，乃有获。”《周书》则说：“学古入官。”舜和禹说：“惟精惟一。”颜子追述孔子的教法说：“博文约礼。”孔子告诉哀公就说：“学、问、思、辨、笃行。”这些话头的归旨在于知行并进，同条共贯。如果像兄所说的，只是端正念头，那么孔子就只需要说“德之不修”就可以了，为什么又要说“学之不讲”呢？只需要说“默而识之”就可以了，为什么又要说“学而不厌”呢？为什么又要说“信而好古敏求者”呢？子思只需要说“尊德性”就可以了，为什么又要说“道问学”呢？我们所讲、所学、所好、所求的东西是什么呢？这是第四点疑惑。考据《大学》文本是这样，穷究往圣的话头教法也是这样，吾兄确然自信又要让人信从你，又强调说圣人复出也不能变易，吾兄对此有不理解的吗？那一定是有遮蔽灵明的地方。而我的见解似有可以采纳的地方有以下五点。把“格物”解释为“至其理”，这个解释最开始虽然是自己体悟得到的，但是我之后考据程子写的书，我的观点跟他不谋而合，这是第一点。此外，考据《大学》文本，章首的“止至善”，就是指“至其理”，而上文“知止、能得”也是知行并进的至理工夫，这是第二点。再之，考据《大学》古本下文，它以修身来解释格物致知，这对于学者做工夫非常有力，这是第三点。《大学》中讲："致知在格物。"而程子则说："致知在所养，养知在寡欲。"就以涵养寡欲来解释格物，这正好符合古本《大学》用修身来申明格物要旨，这是第四点。最后，认为格物的内涵兼取知行的含义，这与古代圣训讲学、问、思、辨、笃行，讲精一，讲博约，讲学古、好古、信古，讲修德、讲学，讲默识、学不厌，讲尊德性、道问学，讲始终条理，讲知言养气等思想主张一致，千圣千贤的教法不会错，这是第五点。我这五点观点可以确信，而吾兄一个也不省察，吾兄对此有不理解的吗？那一定是有什么东西被遮蔽了。我将格物解释为至其理。至其理，就是天理来了，就是体认天理。体认天理的工夫是兼取知行内外来讲的，天理是没有内外的。陈世杰写信跟我说吾兄质疑我随处体认天理的学说，是求之于外，如果是这样，那么随处体认天理不就是义外之说了？其实，求就是无内外。我所谓的"随处"，指的是随心、随意、随身、随家、随国、随天下的意思，也就是随着本心沉寂和感动的时候去体认天理，其实只是内外合一。沉寂的时候，本心则廓然大公；感动的时候，本心则物来顺应，虽然所寂所感有所不同，但都不偏离吾心中正的本体。本体就是一个实体，就是一个天理，一个至善，就是格物的物，这样的话，说体认天理是求之于外，可以吗？而所谓的致知，也只是知道这个实体，知道这个天理，知道这个至善，知道这个物而已，致知只是吾心之良知良能而已，它们也不需要向外求取。只是被人为气习所遮蔽，所以我们才能一出生而蒙昧，在成长的过程中不学习则会愚昧，所以上面讲的学、问、思、辨、笃行等古训是要来破除人们的愚昧，去除遮蔽我们本心的气习，而警醒启发我们的良知良能而已，并不是从外面增益的，所以体认天理并不需要丝毫人力安排。这就像做梦的人，旁人可以唤醒他一样，并不是从外面赋予他觉醒的能力。所以，格物就无其他事，《大学》中所讲的思想也都完备了。如果只是空守自己的心，而没有学、问、思、辨、笃行的工夫，恐怕没有办法警醒启发本心，即使看起来是正道，实际上也会是邪妄。道家、佛家、杨朱、墨翟，伯夷、柳下惠、伊尹都是似正实邪。为什么呢？以前曾参父亲让他给瓜除草修整，他却不小心把瓜的根弄断了，他的父亲拿大棍子责打他，他没有逃脱受罚，最后昏死过去，经过施救才苏醒。曾子以为不逃脱父亲的责罚才是正确的做法，但是孔子却说“小仗受，大仗逃”，这才是天理。对待同一件事的不同做法之间，天理和人欲就在这中间得以分判，所以难道可以不讲学吗？可能会有人质疑，他们会说：“孔子的学问又是什么呢？只是心学而已。”谁都知道孔子是至圣，是天理的极致，是仁熟义精，但是他也要到七十岁的时候才能从心所欲不逾矩。人如果不学习，那么他就会老死于愚昧无知。吾兄的聪明才智，并不是别人所能企及的，所以我不敢揣测，但是也曾经以学习自力，因为不学而自己忧烦。现在吾兄的威望这么高，天下之士望风而追随，所以兄教人的方法不可以不慎重，不可以不中正。吾兄慎重！吾兄慎重！这样天道可以振兴，圣学可以昌明。

评议

正德十年（1515），在南京龙江关，甘泉与阳明两人首次对《大学》格物说展开论辩。从那个时候开始，对“格物”的思考和阐发就成为甘泉一段时期内的主要问题意识。甘泉对格物的理解与随处体认天理的教旨密切关联。他将“格物”理解为“至其理”，并借助随处体认天理来解释“格物”工夫。但是，这种转变并非一步到位，他中间经历了将“格物”解释为“造道”的过渡阶段。这时甘泉已经开始将体认天理与格物结合起来，不过他的重点在于说明造道的具体方法，如博学、审问、慎思、明辨、笃行都是造道的工夫。而甘泉在西樵山烟霞洞夜悟格物之旨，内容有两个：一个是悟到格物就是至其理，另一个落实到工夫上的“致知在所养，养知莫过于寡欲”。在第二封给王阳明的信中，他正是基于自己所体悟到的这两点去质疑王阳明的格物论。

寄陈惟浚

入冬，得朱守中北都寄来书，知吾惟浚得旨归故山。景川道惟浚独本抗谏，想坐此也。虽非朝廷之幸，在惟浚之退，乃所以为进，未必为非幸也。前此曾有一通附夏少卿，想览，久未见报音，以为然否？前者象山之说，所见又进一格，但恐主内太过，反又不能无忧，不若程氏内外合一，为无弊耳，故琐琐言之。近编得遵道录，盖欲人求之中道也。格物之说，后有顿别，元来明德、新民全在止至善上用功。知止能得，即是知行合一，乃止至善之功。其古之欲明明德二节，反复推到格物上，意心身都来在格物上用功，上文知止定安即其功也。家国天下皆在内，元是一段工夫，合内外之道，更无七段八段，格物者，即至其理也。意、心、身于家国天下，随处体认天理也。与中庸之意同。烟霞中夜悟此一段甚适，复检程子书云："至其理乃格物也。致知在所养，养知莫过于寡欲。"乃先得我心之所同然者，所谓至者，意、心、身至之也。如古人所谓"穷理犹穷其巢穴之穷"，必身至之也。世以想象记诵为穷理者远矣，山居曾整理古本大学，及中庸二测，因令人录奉一阅，乃区区近年用心要处也。此间学子渐多，亦有一二敦笃者，近颇修讲堂舍馆以处之。吾惟浚今出处已定，承亲意之悦，能一至烟霞耶？过明年亦欲访医南岳居之，未知天意从否耳！余不一。

今译

入冬以来，收到朱守中从北京寄来的信，得知惟浚君奉旨意回乡。听景川说惟浚据本进谏，惟浚之退隐，大概是因为这件事吧。这虽然不是朝廷的幸事，而惟浚之退隐，在某种程度上讲是另一种进取，塞翁失马焉知非福，未必就是不幸的。此前，我曾有书信通过夏少卿给你，想必你已经读过，但是一直没有回音，你对我信中所讲是否同意？之前，你对于象山的见解，在我看来，又有精进，但是也有担忧，就是你的看法有点过于偏内，反而不如程子所讲的内外合一之说，这才是没有弊病的，所以才不厌其烦反复申说。我最近编撰《遵道录》，是想要学者能够通过此书求取中正之道。我关于格物的看法，自从上次和你分别之后，有所改进。事实上，明德、新民的工夫全在止于至善上用功。知道应该到达的地方而有所得，这就是知行合一，这就是止于至善的工夫。而下文“欲明明德”两节，则反复推究到格物上面，意心身都在格物上面用功，而上文所讲的止定安就是它们的工夫。家国天下原来也都含括在内，都是一段工夫，这是合内外之道，而不是区隔分开的。所谓格物，就是天理到来、显见。意、心、身到家国天下，就是随处体认天理。这与《中庸》中所讲的也相同。我在西樵山烟霞洞中夜体悟到这一段，后来查检程子的书中讲“至其理乃格物也。致知在所养，养知莫过于寡欲。”程子所先体悟到的正是我心所体悟到的。所谓“至”的意思，就是指意、心、身都一齐俱到。这正如古人所讲的“穷理如穷其巢穴之穷”，是指我们的身体一定要达到。世人把想象记诵看成是穷理，这是大错特错。我在西樵山讲学时，曾经整理出《古大学测》《中庸测》，也让人抄录请你阅览，这是我最近几年用心的地方。现在游学弟子越来越多，其中也有一两个敦厚笃信的学者，近来也在修建讲堂精舍作讲学之用。惟浚君已经退隐归乡，能否到西樵山来，而得学友相聚之乐？明年我可能要去南岳寻医养病，不知道到时能否成行。

就写到这里吧。

问政

余姚陈于周尹兴化，问政，甘泉子曰："学。"问学，曰："政。"于周曰："政则政，学则学，若是混乎？"曰："政也者事也，学也者心也。谓事则事乎？心则心乎？"于周问要，曰："理。是故莫学非事矣，莫政非心矣，莫政莫学非理矣。理达而体用浑矣。""请学何学？"曰："《大学》。在心为明德，在事为亲民。在心为明德，是故莫学非事矣。在事为亲民，是故莫政非心矣。兼之者至善也。至善也者，心之于天下国家之事理纯粹精焉者也。纯粹精焉者，天理也。天理也者，吾心中正之本体也，是故学在体天理止至善焉，尽矣。""敢问其功如之何？"曰："在格物。"问："格物之功如之何？"曰："在知止，在定静，在安虑。是故知行并而物格矣，物格而心、身、家、国、天下之事毕矣。夫天下犹然，而况于一邑乎！而况于兴化乎！"嘉靖二年七月十九日。

今译

余姚陈于周将到兴化任县尹，向甘泉子问治政之道，甘泉子回答说："治学之道。"又问治学之道，甘泉子回答说："治政之道。"于周说：

“治政就是治政，治学就是治学，为什么要把它们混淆起来？”甘泉子说：“治政是指治事，治学是指治心。我们如果说事是事，心是心，可以吗？”于周问其中的要旨。甘泉子说：“这是天理如此。没有治学不是治事，没有治政不是治心，没有治政治学不是天理。天理显见而本心体用浑然。”于周问：“请问学什么？”甘泉子回答说：“学习《大学》，这表现在心上，就是明德，而表现在事上就是亲民。本心明德，所以没有治学不是治事的。在事亲民，所以没有治政不是治心的。两者都达成，那么就是至善的状态。所谓至善，就是本心应对天下国家的事而呈现出来的精细纯粹，而这一精细纯粹的朗现就是天理。而天理就是我心中正的本体，所以治学在于体贴天理而到达至善的状态。”“那么，体天理止至善的工夫是怎样的？”甘泉子说：“格物。”又问：“格物工夫又是怎样的？”甘泉子说：“格物的工夫在于知止，在于定静，在于安虑。所以说，知行并进然后物格，物格然后心、身、家、国、天下各种事情自然能做好，完备无缺。天下之事尚且这样，何况是一个县呢？何况是兴化呢？”嘉靖二年（1523）七月十九日。

叙政

颜君体严尹怀安，问政。甘泉子曰：“知学则知政矣。孔子论政，曰‘先之劳之’，曰‘无倦’，学也。学也者，心也。心也者，人也。人也者，政也。夫政由人生者也，人由心生也，知所以为心，则知所以为人矣。知所以为人，则知所以为政矣。是故学政之致一也。”曰：“请闻焉。”曰：“夫恻隐、羞恶、辞让、是非四者，人之心也。无是心，非人也；无是人，非政

也。故有恻隐之心则有惠政矣，有羞恶之心则有廉政矣，有辞让之心则有礼政矣，有是非之心则有明政矣。惠则人知爱，廉则人知敬，礼则人知化，明则人知畏。四者治之极也，而况于为邑乎！”

今译

颜体严君往怀安任县尹，向甘泉子请教治政之道。甘泉子说：“知道治学就知道如何治政。孔子曾经讨论过治政，他说‘先之劳之’‘无倦’，这就是在讲治学之事。圣人之学，是就我们的本心来讲的。我们的本心是指向人的，而人也是关乎政治。在这个意义上，治政的根源在于人，而人则肇始于我们的本心。所以，知道如何治心，就知道如何治人，而知道如何治人，就知道为何治政。所以治学与治政之道是一致的。”问：“请先生细讲。”回答说：“孟子所讲的恻隐、羞恶、辞让、是非这四心，都是指人本心的不同状态。没有这个心，就不是人，如果没有人，那么也就没有治政。从恻隐之心出发，可以成就惠政，从羞恶之心出发，可以成为廉政，从辞让之心出发，可以成就礼政，从是非之心出发，可以成就明政。政惠则民众知道仁爱，政廉则民众知道敬谨，政礼则民众知道教化，政明则民众知道敬畏。这四者是教化治政的极致，何况只是治理一个县？”

复王宜学内翰

夫道无内外，内外一道也。心无动静，动静一心也。故知动静之皆心，则内外一，内外一，又何往而非道？合内外，混动静，则澄然无事，而后能止。《易》曰："艮其背，不获其身，行其庭，不见其人。"止之道也。夫苟至于有定，则动亦定，静亦定，而内外忘矣。故《传》曰："外物不接，内欲不萌。"言止之道也。夫物也者，邪也；欲也者，情之流也；接也者，交也，物交物也。夫人之有心，莫不有知觉，既有知觉，不能不动而为情。外物触其情而交焉，则不能不流，流而不息，莫知所止，不能反躬，天理灭矣。故不接也者，勿视、听、言、动之谓也。人之有形，不能无视、听、言、动也，在勿之而已。故终日酬应，而吾有主焉。故曰"不接"。非置其身心于无物之地，而后能静定也。夫苦热而求凉者，则有时而热矣；病渴而思沃者，则有时而渴矣；恶动以求静者，则有时而动矣。何者？动系于念，不系于事也。知此斯可以语性矣。故曰："性之德也，合内外之道。"是故与其习静以养动，不若慎动以养静；慎动以养静，不若动静以皆忘，时动时静，察见天理而存养之也。此仆之所得于程子，而以自力者也。

今译

天道没有内外，内外只是一个天道。本心没有动静，动静只是一个心。所以，知道动静都是从“心”而来，那么内在本心与外在事物就合二为一。内外合一，又有什么不是天道呢？合内外、混动静，便会澄然无事，然后才能够定止。《易经》说：“艮其背，不获其身，行其庭，不见其人。”这就是定止的道理。假如到了定止的状态，那么动的时候定止，静的时候也会定止，而忘了内外的差别。《易传》说：“外物不接，内欲不萌。”这也是讲定止的道理。这里的“物”是引起邪妄的外物，“欲”是情感的泛滥、流荡，“接”是相交，物交接物。人都有本心，没有无知觉的人。既然有知觉，就不能不感动而生发为情感。外物接触，与生发的情感相交，就不能不流荡。如果流荡而没有止息，不知应该止息的地方，不能够反躬自省，天理就会泯灭。所以，“不接”是指，非礼勿视听言动的意思。人有形体，就不能没有视听言动的官能，只是让它们不要发生邪妄而已。我们终日应事接物，内心要有所主宰。所以说“不接”，不是要将身心置于没有物的境地，然后才能宁静安定。那些厌恶热而寻找凉爽的人，他们有时就会热；那些口渴而想喝水的人，他们有时就会口渴；那些厌恶躁动而寻求安静的人，他们有时就会躁动。为什么呢？因为动源自我们的念头，而不是具体的事情。知道这个道理了，就可以跟他讲性。所以才说：“性的德性，是融合内外之道的。”所以，我们与其修习静的工夫来涵养动，不如审慎动来涵养静；与其对审慎动来涵养静，不如动静皆忘，时动时静，察见天理而存养它。这是我从程子那里得到的启发，而自己不断用力修习的结果。

评议

这一条湛若水是要讲人欲是如何产生的。人初之时的本然状态，是一体的，是合内外，混动静。这是本心未发的时候。那么等它发了，则喜怒哀乐爱惧怨，诸种情感全部发出来了。每一种情感都有其中正的状态，而其偏颇则是人欲。最初是纯善的状态，何以一发出来就有偏颇、就有恶呢？湛若水将其归结为“接物”。人初心是善的，因为它知道自己所止的地方在哪里。可是，本心一旦接触外物，因为有其知觉，能够感应事物，而生发出情感，而诸种情感也有可能流荡而不知道它应该止的地方。所以，恶产生的根由在于情感不知道其所止的地方。但是，人有身体，有形气，不可能没有视听言动，不能不去接触事物，那么怎么办呢？湛若水认为，工夫就在于“勿之”上面，也就是《论语》中所说的，非礼勿视听言动。

复郑启范进士

夫以虚无支离为道，皆非也。道不远人，安得虚无？何有支离？夫至虚者，心也，非性之体也。性无虚实，说甚灵耀？心具生理，故谓之性。性触物而发，故谓之情。发而中正，故谓之真情，否则伪矣。道也者，中正之理也。其情发于人伦日用，不失其中正焉，则道矣。故中正而天下之理得矣，天下之理得，而位育在其中矣。心性之失也，情流之也。情非流也，失其中正故流。惟君子立其中正，故情不流；情不流，故性不凿；性不凿，故虚实之体全。故曰：尽心之谓也。故待夜气而见，则旦昼必不

然矣。旦昼不然，则有时而间矣。君子之学，莫若自强而不息，终身而不违，故旦昼皆夜气也。孟子曰：“勿忘勿助”，其间中正处也。此正情复性之道也。更深体认，勿支离于文艺。

今译

以虚无或支离为天道，都不对。天道离我们不远，怎么会虚无？怎么会支离？所谓至虚的状态，是指心的状态，不是指性的本体状态。性体没有虚实，却说得它如此灵耀？本心具生生不息的天理，这就是性体。性接触外物而生发，这就是情感。情感的生发如果中正，就是真情，否则就是虚伪。天道是中正之理。我们的情感从日用伦常中生发出来，不丧失它的中正，就是天道。所以，本心中正，就能体认天下之理，得到天下之理，万事万物就能处在其中恰当的位置。如果心性丧失了它的中正，情感就会流荡泛滥。情感本身不会流荡泛滥，只有本心丧失了中正才会那样。君子只有挺立本心的中正，情感才不会流荡泛滥，情感不流荡泛滥，性体才不会被损坏，性体不会被损坏，那么性体就能虚实全体。这就是尽心的工夫。如果等到夜气才能显见，那么白天的时候，性体就不能虚实同体了，就会出现间断了。君子之学，就是自强不息，终日终身不去违背它，所以白天也应该有“夜气”。孟子说“勿忘勿助”，勿忘勿助之间就是本心的中正处。这是使自己的情感中正，回复自己性体的方法。这更应该好好去体认它，不要在文艺上支离。

答杨少默

承谕阅训规，立中正以示学者，然而此理本中正，乃天之所为也。稍偏内外即涉支离，非天理矣。此与古本大学相同，在随处体认天理而已，更无别事。古本大学测曾仔细看否？自程子没后，此书不明数百年矣，赖天之灵，一旦豁然有冥会，持以语人而鲜信之者，岂非许真君卖丹丸子者，命耶？可叹！可叹！平日所望于吾少默，幸虚心消详，当有得也。近侍程侍御、王兵备深信格物之说。阳明近有两书，终有未合，且与陈世杰谓随处体认天理是求于外。若然，则告子“义外”之说为是，而孟子“长者义乎？长之者义乎？”之说为非，孔子“执事敬”之教为欺我矣。程子所谓“体用一原，显微无间”，格物是也，更无内外。静言思之，吾与阳明之说不合者，有其故矣。盖阳明与吾看心不同，吾之所谓心者，体万物而不遗者也，故无内外。阳明之所谓心者，指腔子里而为言者也，故以吾之说为外。阳明格物之说谓正念头，既与下文正心之言为重复，又自古圣贤“学于古训”，“学、问、思、辨、笃行”之教，“博文约礼”之教，“修德讲学”，“尊德性道问学”之语，又何故耶？

今译

收到你的来信，说读了大科书院的训规，认为训规是向学者确立了中正之道。不过，这其中所讲的天理本来中正，是天道的自然呈现。学者为学稍微偏向内或者偏向外，都是支离，都不是天理。训规所讲的，与《大学》古本相同，只是随处体认天理而已，没有其他意蕴。我此前写的《古大学测》一书，你可有认真看过？自从程子离世，此书所讲的道理隐晦而未能昌明，至今已经有数百年了。所幸上天眷顾，我对古本《大学》的精蕴能够有所领会，而将所得向别人相授却很少有相信的人，这难道不是像许真君卖金丹药丸一样，这就是命呀！可悲可叹！我平日所知少默君，能够虚心就学，应该能够有自己的心得。近来得知程侍御、王兵备深信我的格物之说。阳明近来给我写了两封书信，信中所讲终有未能契合的地方，而且他还和陈世杰说我随处体认天理的工夫是向外求取。如果真的是这样，那么告子“义外”的说法就是对的，而孟子“长者义乎？长之者义乎？”的说法就是错的，孔子“执事敬”的教法就是在欺骗我了。程子所讲的“体用一原，显微无间”，就是在讲格物工夫，它并没有内外的分别。静下来细想，我和阳明的主张有所不同，是有原因的。这是因为阳明和我，对于心的看法不同。我所讲的心，是指体察天地万物而没有任何遗漏的本心，所以我讲的本心是没有内外之分的。而阳明所讲的心，是指我们腔子中的那一颗血肉之心，所以认为我讲的工夫是向外求取。阳明将格物解释为端正本心发出来的念头，这种解释既与下文的正心工夫重合，又和圣贤所讲的“学于古训”“学问思辨笃行”教法，“博文约礼”教法，“修德讲学”“尊德性道问学”主张不同，这又是什么缘故呢？

启两淮巡按侍御洪峻之垣

天理之在人心，虽百遇颠扑而不可磨灭，如精金遇烈火，虽百炼千炼不可销铄，非惟不可销铄，又愈炼而愈精。然非有道者主张之，则末学小子亦未能不失所守也。

今译

天理是人心中所固有的，即使人生遇见颠沛流离的际遇，也不会磨灭，这就像真金遇到烈火，即使千锤百炼也不会熔化，非但不会熔化，而且还会越炼造越精纯。然而，如果不是有道之人来作主宰倡导，那么求学者也可能遗失本心所固有的天理。

答聂文蔚侍御

来谕云："凡有志于学者，终必求归于是。"夫学求是而已矣，苟有求是之心，则亦何异之不同？然亦有自是而不然者，如杨、墨学仁义，则曰："吾仁义也。"佛、老明心性，曰："吾心性也。"夫仁义、心性，则圣人之学亦不外是矣，而乃大相反者，此既以有毫厘千里之谬，学者所当精择也。如药之能活人、杀人者，在病者所当精择也。岂可以其同志于仁义、心性，而遽以为同哉？……来谕二业合一之说，见得最的当，若夫排距之功，非所敢当，但不敢辞其责耳。若了得此关，则内圣外王，一了百了，盖此心与事须于此锻炼，乃能合一故也。来谕于随处体认天理，而会之以"执事敬"之一言，最亲切。或疑随处体认恐求之外者，殊未见此意。盖心与事应，然后天理见焉。天理非在外也，特因事之来，随感而应耳。故事物之来，体之者心也，心得中正则天理矣。所云："看来宇宙内，无一事一物合是儒者少得底。"此言最当。更不若云："宇宙内无一事一物合是人少得底。"犹见亲切。盖人与天地万物一体，宇宙内即与人不是二物，故少不得也。云"敬者，心在于是而不放之谓"，此恐未尽。盖程子云"主一之谓敬"，主一者，心中无有一物也，故云"一"，若有一物则二矣，故孟子曰"心勿忘勿助长"，勿忘勿助之间乃是一。今云"心在于是而不放"，谓之勿忘则可矣，恐不能不滞于此事，则不能不助也，可谓之敬乎？敬合始终内外之说最妙。又云"即大学格物之义"，近时学者未尝及此。程子曰："格者至也，物者理也，至其理乃格物也。"故大学古本以修身说格物，今云"格物者，事当于理之谓也"，不若云"随处体认天理"之尽也。体认兼知行也，当于理是格物后事，故曰："物格而后知至。"……勿忘勿助元只是说一个敬字，先儒未尝发出，所以不堕于忘，则堕于助，忘助皆非心之本体也。此是圣贤心学最精密处，不容一毫人力。故先师石翁又发出自然之说，至矣。圣人之所以为圣，亦不过自然如此，学者之学圣人，舍是何学乎？来谕说忘助二字，乃分开看，区区会程子之意，只作一时一段看，盖勿忘勿助之间，只是中正处也。来谕又以为丹炉火候者正如此，故老子曰"绵绵若存，用之不勤"，即火候也。学者下手须要理会自然工夫，不须疑其圣人熟后，而姑为他求。盖圣学只此一个路头，更无别个路头，若

寻别个路头，则终枉了一生也。

今译

你来信说："凡是有志于学问的人，终归是要求取学说之间的相通处。"学习确实是要求取学问的共通处，但假如只有一颗求是求通的心，那么不同的学说又有什么不同？那么，就有自认为是真理但其实不然的学说，例如杨墨学仁义，然后就说"我是懂仁义的。"佛老明心性，然后就说"我是懂心性的。"所谓仁义、心性，圣人所讲的学问也不外乎这样，但是他们所讲的与圣人的学问相差甚远。这就是差之毫厘，谬以千里，我们学习的时候应当谨慎选择。这就像药物能救人，也能够害人，关键在于病患者自己的选择。怎么可以因为杨墨、佛老他们同样以仁义、心性为志向，就认为圣人学问与他们相同呢？……你来信中谈到二业合一的学说，见解最为得当，至于说我有救偏时弊的功劳，确是不敢当的，但是这也确实是我不敢推辞的责任。如果能够过得这个关口，那么内圣外王之事，就能通彻，一了百了。这是因为我们本心应事需要在这个关头锻炼，这样才能真正合一。来信中谈到"随处体认天理"工夫，而用"执事敬"一词进行概括，最为亲切。有人质疑随处体认工夫是求之于外，这是没有体见这个道理。我们的本心和事物发生感应，然后天理显见。天理并非在外，而是因着不同事物的感发，而进行应对。对于事物的感发，体察事物的是我们的本心，本心在应对事物时处于中正的状态，那么天理自然显见。你所讲的："看来宇宙之内，没有一件事物不是儒者身上少不得的。"这句话讲得最好。但是，这句话不如讲："宇宙之内，没有一件事物不是人身上少不得的。"这样更加亲切。因为人与天地万物一体，宇宙的一事一物与人并不是截然分开的，所以说少不得。而你所说："敬是本心专注在一件事物上而不放开”，这个讲法恐怕有不妥当的地方。程子讲：“主一就是敬。”所谓主一，是指心中没有一物，所以叫作“一”，如果心中有一物，那就是“二”了，所以孟子讲“心勿忘勿助长”，勿忘勿助之间就是一。现在你说“心专注在一件事物上而不放开”，把本心的这种状态称作勿忘是可以的，但是它恐怕不能不执滞在这件事物上，所以它不能不助长，这样可以把它称之为敬吗？敬统合内外始终的说法最好。又说“这就是大学格物说的义涵”，现在学者都没有能讲到这一点。程子说：“格者至也，物者理也，至其理乃格物也。”所以，《大学》古本用修身来解释格物，现在你说“格物工夫中，事物合于天理”，不如说“随处体认天理”来得全面。体认兼有知行的含义，事物能合于理，这是格物之后的事，所以才说“物格而后知至”。……勿忘勿助原来只是在讲一个“敬”字。以前的儒者没有讲明这一点，所以学者为学不是陷入忘的状态，就是陷入助的状态，而忘和助都不是心体的本然状态。这是圣贤所讲心学最为精妙的地方，其间不容一丝一毫人为安排。先师石翁先生对此又发挥出以自然为宗旨的学说，这是非常得当的。圣人之所以是圣人，在于他们依循自己的本心自然而然，学者学习圣人学问，如果舍弃这一点又还有什么可以学习的呢？你来信说，忘助这两个字，要分开来看，但是我领会程子的意思，则要把忘助作为一时一段来看，不能分隔，因为在勿忘勿助之间，只是本心的中正之处。来信又以丹炉火候来比喻工夫熟后的状态，所以老子讲“绵绵若存，用之不勤”，这就是讲工夫火候。学者下手处要领会自然工夫，不需要去怀疑这是圣人熟后的状态，而去求取其他入学工夫。圣学只有这一条路，并没有其他路，如果去寻找其他路，最后只会枉费了一生的光阴。

答黄孟善之二

敬字，宋儒之论详矣。惟明道主一之言至当。所谓主一者，心本无一物，若有一物即非一矣。又恐人以主一为滞着于物，故又加之云："无适之谓一。"若了悟主一之旨，即不消云无适矣。若以主一无适兼言敬字，不免重赘也。若畏字尤难说。至如来札所谓敬亲、敬君、敬师有差，无乃俗态耳。此乃因物而迁，乃所以为不敬也。若事君亲师，非致敬，何常有一物耶？此乃紧要处，须索理会到底也。

今译

宋儒对敬的工夫讨论非常详尽。但只有程明道先生将敬的工夫解释为主一的理论最为恰当。明道先生所讲的"主一"，是指本心本体本来没有一物，如果有一物那就不是"一"了。但是，他又担心学者误以为主一的工夫是泥滞在物上面，所以他才讲"无适之谓一。"如果能够洞悉主一工夫的要旨，就不用再讲无适了。如果用主一、无适一起讲敬的工夫，就重复累赘了。而用"畏"来讲敬就更不对了。至于你来信中所讲的敬亲、敬君、敬师有所不同，这只不过是学者的本心因着不同的事物，而发生偏移，这些都是俗态而已。这就是因物而偏，是我们不恭敬的原因。如果侍奉君主和师长，不是执滞在敬上，那么又怎么会有一物泥滞在心中呢？这里是学问最紧要的地方，必须要好好理解透。

答洪峻之侍御

心浑全无初，感处即初，寂与感皆心之全体也。故颜子之学只于几上念头上用功，平时只于有事而勿助勿忘，及感发时亦只如此，是谓随处体认，非待初心发乃用功也。复其见天地之心。

全放下即勿忘勿助，如此天理便见。故曰：“非全放下终难凑泊。”不放下即意必固我之私。

人心之安，固是天理。然恶人亦且安心为不善，则安与不安，亦未可凭据，到了只还在勿忘勿助之间，心得其中正时，安即是天理矣。譬如明镜，方正者乃照得本相，歪镜、尘镜安得本相？

孟子往往拈出这点真心，欲人于此生意扩充涵养。“良知良能”“四端”诸章皆此意，这几个达字便是学、问、思、辨、行功夫。吾每引大杖逃小杖受，及因童子言易箦，以见不可徒良知而不加学问耳，非为体认之证也。

论语“居处恭”三句，正是随处体认天理也。恭、敬、忠皆天理也，随处而异名耳。吾心体认只是一段工夫，随处而见耳。恭、敬、忠皆内也，居处、执事、与人则外也，以体认为外，则不由心而以天理为外，是义外之说也。

今译

我们的本心浑然全体没有所谓本初的状态。本心感通的地方就是本心的本初状态，而本心的寂灭与感通都是本心全体的表现。所以颜子的学问只在本心萌动的几微念头上做工夫，而平时则只在事上做勿忘勿助的工夫，等到感动而遂发的时候也是这样，这就是随处体认的工夫，而不是等到初心萌发的时候才去用功。回复本体则天地之心显见。

全放下工夫就是勿忘勿助，全放下则天理显见。所以说："非全放下终难凑泊。"不能放下就是意必固我之私欲。

人心安处，固然是天理。但是，恶人做坏事也会心安理得，所以安心与不安心，也不能作为是非曲直的根据。还只能是在勿忘勿助之间做工夫，而本心中正的时候，这时心安处才是天理。这就好像明镜一样，镜体方正才能照到事物的本来面目，歪的镜子、蒙尘的镜子怎么能够照到事物的本来面目呢？

孟子常常用人的真心指点工夫，想要人们涵养扩充本心这一生意。"良知良能""四端"这几个章节都是在讲这个道理。里面那几个"达"字就是学问思辨笃行的工夫。我常常引用"大杖逃，小杖受"，以及"童子言易箦"的故事，通过这些故事就知道不能只讲良知而不去做学问思辨笃行的工夫，良知不是体认工夫的根据。

《论语》中"居处恭"那三句话，讲的就是随处体认天理的工夫。恭、敬、忠都是天理的呈现，只不过因应不同的对象而有不同的名称而已。我本心体认只是一段工夫，随处体认，天理随处发见。恭、敬、忠指向的是内在本体，而居处、执事、与人指向的是外在发用，所以把体认看成是外在的工夫，那体认工夫就不从本心发出而把天理看成是外在于本心的东西，这是义外的学说。

评议

湛若水这里讲“初心”，认为是“一阳初动”之时，即是复性之学。这主要是针对工夫由何处入手更能得力，而不是脚踩棉花而无所着力。湛若水强调“一阳初动”之时，只是对于初学入门者来讲，容易把捉得到入学的门径而已。但是，天地之心无时不在、无处不有，所以何处不是用功之地，久则工夫自然醇熟。这“一阳初动”在人心，即其初之萌动，就是孟子所讲的“四端之心”，这个良心的端倪没有不善的。但是，这个初心的萌端常常受到遮蔽，必须有特定的情景来激发。他分析孟子所讲的恻隐之心，认为乍见孺子入井的“乍见”，就是良心的初复之时。因其见，孺子掉入井里时的同感，使得我之内心惊颤而纠结楚痛，此痛感即我与孺子情境之交互而生出的同情之心，即善心。这就是天理之萌动。即此捉住，而做扩充的工夫，即存养推及此善之端倪，而不是要去求取乡人的赞誉、孺子父母的交好或因为小孩的哭声，因为那已经夹杂着动机、目的，而善是自然而然的。

答黄安厓中丞[1]

来谕以孟子求放心，邵子心要放二者下问。夫所谓求放心者，收使之入也；所谓心要放者，廓使之大也。仆不知孟、邵，知吾心耳矣。仆知吾心，信吾心耳矣。安敢舍自信而信孟、邵也？夫孟、邵者，要有所为言之也。夫人心无出入，亦无大小，其本体有一定故也。盖心无入，故无出，则心何以放在外，如鸡犬之为外物然也？惟其本体自寂自感，不动而能通，以人之私欲私意蔽之而不见，故似放于外耳。然则以日月之蔽于云雾，以为无日月可乎？不可也。心无小故无大，则何用放其心而大之，如物之可易而巨细然也？盖其心体本广大精微，为人私欲私意局之，故似乎小耳。然则以隙光而窥天，以为天小可乎？不可也。是故孟子所谓求放心，乃为失心者言之耳。邵子所谓心要放，乃为小其心者言之耳。至于其所谓尽心一言尽之矣，必有事而勿正、勿忘勿助之数言尽之矣。合内外，同大小，一以尽之矣。又何有于内外大小之偏弊，而用救偏补弊之功乎？是故能存心于勿忘勿助之间，则人欲彻去，天理长存，而寂然感通之体自在，何尝有放于外？广大精微之体自在，又何用放其心而后大？然则孟、邵不识心欤？曰："孟邵非不识心也，救时而言之也。"是故为教者，不可为救时而立也。中道而立，能者从之也。尽心勿忘勿助之间之谓也。

注释

[1]"答黄安厓中丞"题名，厓字原作□，据四库存目从书《湛甘泉先生文集》集七，集部56册第584页改。

今译

你来信问我孟子求放心和邵子心要放这两个思想学说。所谓"求放心"，就是收摄本心，让它回来；所谓"心要放"，就是扩充本心，让它宏大。我不知道孟子、邵子，我知道我的本心。我知道我的心，我相信我的本心。我哪里敢舍弃对本心的自信而去相信孟子、邵子呢？孟子和邵子所讲的都是有所针对的。我们的本心没有出入，也没有大小，它的本体有一个确定的状态。因为本心没有入的状态，所以也没有出的状态，那么本心又为什么被放逐在外面，而成为像鸡犬一样的外物呢？这是因为心性本体自寂自感，不动而能够感通，只不过因为人的私意私欲遮蔽而隐晦不现，所以本心看起来像被流放在外一样。但是，因为云雾遮蔽了日月，而认为日月都不见了，这样可以吗？不可以。心体没有小的状态，所以也没有大的状态，那么又为什么需要扩充本心而让它宏大，而让本心像事物可以改变成有大小之别一样呢？这是因为心性本体本来是广大精微的，但是被人的私意私欲所局限，所以看起来就好像小了。但是，因为用缝隙之光来看天，而认为天很小，这样可以吗？不可以。所以，孟子讲的求放心，是针对那些丧失了本心的人讲的；邵子讲的心要放，是针对那些将自己本心看小的人讲的。至于孟子所讲的尽心说，一言以蔽之，就是必有事焉而勿正，心勿忘勿助长的工夫。其实，只要讲合内外同大小，这个工夫就把所有事情都兼顾到了，又哪里还有什么内外大小的弊端，而需要采用纠偏补弊的工夫。所以，能够在勿忘勿助之间做存心的工夫，那么人欲自然消除，而天理长存，寂然感通的心性本体自然而然存在，本心又哪里会流逐在外面呢？而广大精微的心性本体也自然而然存在，又哪里需要扩充本心而使其宏大呢？那么，这样说来是孟子、邵子不能认识到本心的本然状态吗？不是的，孟子和邵子并不是不认识本心的本然状态，他们是为了纠正当时的弊端而已。在这个意义上，要立中正不偏的教法，就不可以只是为了纠偏时弊而立。居中道而立教，那么能从道的人自然就能依从。这也是在勿忘勿助之间做尽心的工夫。

记

广德州儒学新建尊经阁记

甘泉子曰："夫经也，径也，所由以入圣人之径也。或曰：警也，以警觉乎我也。傅说曰：'学于古训。'夫学，觉也，警觉之谓也。是故六经皆注我心者也，故能觉吾心。《易》以注吾心之时也，《书》以注吾心之中也，《诗》以注吾心之性情也，《春秋》以注吾心之是非也，《礼》《乐》以注吾心之和序也。"曰："然则何以尊之？"曰："其心乎！故学于《易》而心之时以觉，是能尊《易》矣。学于《书》而心之中以觉，是能尊《书》矣。学于《诗》而心之性情以觉，是能尊《诗》矣。学于《春秋》《礼》《乐》而心之是非、和序以觉，是能尊《春秋》《礼》《乐》矣。觉斯存矣，是故能开聪明、扩良知。非六经能外益之聪明良知也，我自有之，彼但能开之、扩之而已也。如梦者、醉者，呼而觉之，非呼者外与之觉也，知觉，彼固有之也，呼者但能觉之而已也，故曰'六经觉我者也'。今之谓聪明知觉不必外求诸经，不必呼而能觉之类也；今之忘其本而徒诵六经者，辗转丧志于醉梦者之类也。不呼而觉之类也者，孔子不能也；丧志于醉梦之类也者，孔子不为也。是故中行者，鲜矣；

是故天下能尊经者，鲜矣。”两生曰：“何居？”曰：“弗或过焉，则或不及焉。过则助，不及则忘；忘则忽，助则侮；侮与忽，可谓之尊经也乎？”曰：“然则如之何？”曰：“观之于勿忘勿助之间焉，尊之至矣。”

今译

湛若水增城尚书府旧貌

甘泉子说：“经书，是门径，是学者进入圣人之域的门径。也有说，经书，是警觉，它是用来警醒我们而已。傅说讲：‘学于古训。’学习，就是觉醒，也就是警觉的意思。所以，六经都是用来注解我的本心，所以能够觉醒我的本心。《周易》是用来注解我心的时序，《尚书》是用来注解我心的中正，《诗经》是用来注解我心的性情，《春秋》是用来注解我心的是非，《礼记》《乐经》是用来注解我心的和序。”有人问：“如何做到尊经呢？”回答说：“用我们的本心。所以学习《易经》来觉醒我心的时序，这是能尊重《周易》的表现；学习《尚书》来觉醒我心的中正，这是能尊重《尚书》的表现；学习《诗经》来觉醒我心的性情，这是能尊重《诗经》的表现；学习《春秋》《礼记》《乐经》来觉醒我心的是非、和序，这是能尊重《春秋》《礼记》《乐经》的表现。存养知觉，所以能够开发心的聪明，扩充良知的内容。这并不是因为六经能够从外面增加我们的聪明、良知，这是我们原本所具有的，六经只是能够开发、扩充而已。这就像做梦的人、喝醉酒的人，我们一呼喊他，他就会清醒过来，并不是呼喊的人从外面赋予他有知觉能力，知觉，这是他原先固有的，呼喊的人只能让他觉醒而已，所以说：‘六经觉我者也’。现在那些讲我的聪明知觉不必学习经书向外求取，不必待呼喊酒醉的人就能清醒过来之类的话，现在那些遗忘为学的根本，只会背诵六经的人，和那些辗转丧志在醉生梦死中的人，不靠外面呼喊而能够觉醒的，就连孔子都做不到；那些丧志在醉生梦死中而觉醒的，也是孔子所做不到的。所以能够做到中行的人很少，所以天下能够尊重经典的人也很少。”学生们说：“为什么？”回答说：“不是过了，就是不够，过了就是助长，不够就是遗忘；遗忘是忽漫，助长是轻辱；轻辱和忽漫，可以说他们尊重经典吗？”又问：“那应该怎么办呢？”回答说：“在勿忘勿助之间读书，这是尊重经典的极致。”

评议

这一篇是尊经阁记，系统地讲述经典对于涵养本心的作用。首先，甘泉将“经”解释为“径”，径是门径，也就是通道的意思。我们在前面提及，伊利亚德所讲的神圣性的显现，从世俗世界到神圣世界，需要一个特殊通道。对于儒家来讲，涂人与愚夫愚妇，通过修身的工夫，而进入成圣成贤的德性世界，这是内在转化的自我超越。也是从形而下进入形而上的世界，这中间也需要通道，湛若水认为这个通道就是经典。经典的作用在于唤醒我心的生意，而不是从外面进行增益，在这个意义上，经典只是我本心的注脚而已。甘泉子对《易》《诗》《书》《礼》《乐》《春秋》这六部经书的特点进行总结，认为《周易》是要觉醒我心的时序，《尚书》是要觉醒我心的中正，《诗经》是要觉醒我心的性情，《礼记》和《乐经》是要觉醒我心的和序，《春秋》是要觉醒我心的是非。我心的时序、中正、性情、和序以及是非，并不是从书中所赋予的，而我的本心先天具有的能力，并不是我们每个人现成具有的，它们都是隐藏在我们的潜能中，其生发是通过经典，也就是圣贤根据他们应事处物所得到修身经验编成的书籍。这就是所谓的先觉觉后觉。它们所扩充我们的潜能乃是我心良知的萌端，只是在勿忘勿助之间读书而已。

惺翁亭记

中丞泰和罗子与甘泉子雅也，一日造新泉精舍曰：“吾病之世之人昏昏懵懵，如醉如梦，缘是失其本心而莫之觉也。自号惺翁，有亭曰‘惺翁之亭’，欲因亭以觉我，欲因亭以惺我，惟子诏之。”甘泉子曰：“夫亭也，外则翼然，而中则廓然寂然。夫亭何醉何梦？何昏何懵？何觉何惺？惟人自醉自梦，自昏自懵。惟子自觉，惟子自惺，于人何有！于亭何因！”或曰：“请与子商惺惺之义，可乎？”曰：“可。”曰：“儒曰惺惺，释亦曰惺惺，然则儒释之惺惺有别乎？”曰：“有。释谓惺惺者心，故知心而不知性；儒所惺惺者性，故通乎心性而知，是以别。”曰：“何谓知心不知性？”曰：“惺惺者，心也，虚灵知觉之谓也。性也者，心之生理，其浑然至善者也。释者以心为性，故以知觉运动谓之性。”曰：“何征？”“其曰‘蠢动含灵无非佛性’是也。”“何谓通乎心性而知？”曰：“儒者尽心而知性，故以天

理中正谓之性。”曰：“何征？”“《中庸》曰‘聪明睿知达天德’；天德者，天理也。程子曰‘心如谷种，仁则其生之性’是也。释者外理外事以为心，故主翁虽惺惺，而至于灭伦伤化；儒者合心事民物以为性，故其惺也，觉于天理，以先知觉后知，以先觉觉后觉，尽其性以尽人物之性。是故君子之学，知其所以惺惺者，则几矣。惺翁其以谓然乎？”用记诸亭，时告惺翁。己丑三月十二日。

今译

中丞泰和罗子和甘泉子雅交，有一天造访新泉精舍说：“我忧心世人浑浑噩噩，如醉如梦，是因为他们失去了自己的本心却没有能觉悟。因而自号惺翁，建有亭阁叫‘惺翁之亭’，这是要借亭来使自己警醒觉悟，请您为新建之亭作一篇记。”甘泉子说：“这亭子外形像鸟张开翅膀，而中间则空阔寂静。亭子哪里会醉哪里有梦？哪里会昏哪里会懵？又哪里需要觉悟警醒？只是人自醉自梦，自昏自懵而已。只要你自己自我觉悟，自我警醒，又与人何干！又与亭何干！”有人说：“请您讨论一下惺惺的含义，可以吗？”回答说“可以”。问：“儒家讲惺惺，佛家也讲惺惺，那么儒佛各自讲的惺惺有区别吗？”回答说：“有。佛家是从心的角度讲惺惺，所以只知道心而不知道性体；而我们儒家是从性体的角度来讲惺惺，所以能够知道心体，也能知道性体，这是根本的区别。”问：“什么是知心不知性？”回答说：“所谓惺惺，是指本心的发用，是本心虚灵知觉的状态。而性体也是本心生生不息的天理，是本心浑然至善的状态。佛家把心体看成是性体，所以将知觉运动认作是性体。”问：“有什么证据吗？”回答说：“佛家讲‘蠢动含灵无非佛性’就是证据。”问：“什么是通乎心性而知？”回答说：“儒家讲尽心然后能够知性，所以是以中正天理作为性体。”问：“有什么证据吗？”回答说：“《中庸》讲‘聪明睿知达天德’；这里的天德就是天理。程子说‘心如谷种，仁则生之性’，也是佐证。佛家将心与理和事区隔开来，所以虽然也讲惺惺，但终究会泯灭人伦伤害教化；而儒家则将心事民物合一，视为人性体之根源，所以儒家所讲的惺惺，是对天理进行觉悟，以先觉悟者来觉醒未觉悟者，穷尽自己的性体，也就穷尽了天地人物的性体。所以君子之学的机窍，就在于知道惺惺者是什么。惺翁以为如何？”作记纪念新建之亭，以告诫惺翁。己丑年三月十二日。

杂著

学说乙丑翰林作

古之学者所以学为人也。学为人也者，学为圣而至于天也。天者，人之所以性也，尽人则尽性，尽性则至命。故学而为人，则圣与天不能外矣，而曰："吾为圣，吾且至于天。"则不可私也。吾知复吾为人之道而已，而圣乎？天乎？吾不知也。吾知学为君臣，学为父子，学为夫妇、长幼、朋友之道，酬酢事物之理，凡人之所不能无者，如斯而已矣。此古人之所谓学也。昔者孔子学于文、武、周公，文、武、周公学于成汤，成汤学于禹，禹学于尧、舜，尧、舜学于三皇，三皇学于天地，故皆与天地相似。孟子曰："人皆可以为尧、舜。"荀子曰："途之人可以为禹。"尧、舜、禹与吾之天一也。故曰："人有所不虑而知者，其良知也；所不学而能者，其良能也。"故除其骄而苗自夭，杀其蠹而木自茂，去其欲而理自足。古之人从师而学焉，穷经而学焉，小而小学焉，大而大学焉，亦所以明乎此而已耳，亦所以去其蔽乎此者而已耳，非外有所取而加之也。必外有所取而加之，斯凿而已矣。

今译

古时候的学者学习如何做人。学做人是学做圣人而达到天命的状态。天，是人性体的根源。尽人工夫就是穷尽自己的心性，穷尽自己的心性就能够达到天命的状态。学习如何做人，不能将圣人和天命看成与我们无关的事物，这才说“吾为圣，吾且至于天。”所以，我们不可以将学做人看成只是一个关于私己的事情。我只知道这只是回复为人之道而已，至于这是不是成圣之道，是不是达天之道，我不知道。我只知道学做人就是学做君臣，学做父子，学做夫妇、长幼、朋友的道理，应事接物的道理，这些都是每一个人所不能够没有的，如此而已。这就是古人所谓的学习。从前孔子向文王、武王、周公学习，文王、武王、周公向成汤学习，成汤向大禹学习，大禹向尧舜学习，尧舜向三皇学习，三皇向天地学习，所以学者都与天地相似。孟子说：“人皆可以为尧、舜。”荀子说：“途之人可以为禹。”因为尧舜禹与我的天命是同一个源头的。所以孟子说：“人有所不虑而知者，其良知也；所不学而能者，其良能也。”所以，剔除骄气而树苗自然幼嫩，铲除害虫而树木自然茂盛，克除私欲而天理自足。古人跟随老师学习，通过读经来学习。小时候学习小学，长大后学习大学。这些也都只是明白这个道理而已，也只是克除那些遮蔽天理的私欲而已，并非是从外面有所取用而增加自己原有的天性。从外面有所取用而增加，这只是对天性的穿凿而已。

立心篇

或问曰：“心不同乎？”曰：“否。”曰：“立心有异乎？”

曰："然。""然则心有内乎？"曰："心无内而有静。""心有外乎？"曰："心无外而有动。既曰有静，静而不弛，斯不亦内矣乎？既曰有动，动而不返，斯不亦外矣乎？故动者外之机，其流也为人。静者内之机，其实也为己。故为人者，务外之谓也；为己者，务内之谓也。务外者，妄动之谓也；务内者，主静之谓也。动静之机，内外人己之间也。""然则如之何？"曰："动乎动，而不离于静，故不流；静乎静，而不离于动，故能实。藏心于晦，发而愈明，神之贞也；役志于明，久而滋晦，神在外也。《中庸》曰：'君子之道，暗然而日章，小人之道，的然而日亡。'"

今译

有人问："我们的心有不同吗？"回答说："没有。"又问："挺立本心有不同吗？"回答说："是的。"又问："本心有内吗？"回答说："本心没有内却能静。"又问："本心有外吗？"回答说："本心没有外却能动。既然说能静，静而不张弛，这不就是心有内的表现吗？既然说能动，动而不回返，这不就是心有外的表现吗？所以，本心能动是它外在的机枢，它的流弊就是所做的学问工夫是为了他人。而本心能静是它内在的机枢，它的实质是所做的学问工夫是为了自己。所以，为人之学是向外求学，而为己之学则是向内求学。向外求学，就是妄动；向内求学，就是主静。动静之间的机窍，就在内外人我之间。"又问："那么学者要怎样做呢？"回答说："应其动而能动，却又不偏离于静，所以能够不流荡；应其静而能静，却又不偏离于动，所以本心能充实。藏心于隐晦之中，愈发动而愈发清明，这是本心之神明贞固在内；而役使志气在外，久而久之则本心愈发晦暗，这是本心之神明在外涣散。这就是《中庸》所说：‘君子之道，暗然而日章，小人之道，的然而日亡。’”

求放心篇

甘泉子曰：孟子之言求放心，吾疑之。孰疑之？曰：以吾心而疑之。孰信哉？信吾心而已耳。吾常观吾心于无物之先矣，洞然而虚，昭然而灵。虚者，心之所以生也；灵者，心之所以神也。吾常观吾心于有物之后矣。窒然而塞，愦然而昏。塞者，心之所以死也。昏者，心之所以物也。其虚焉、灵焉，非由外来也，其本体也。其塞焉、昏焉，非由内往也，欲蔽之也，其本体固在也。一朝而觉焉，蔽者彻，虚而灵者见矣。日月蔽于云，非无日月也；鉴蔽于尘，非无明也；人心蔽于物，非无虚与灵也。心体物而不遗，无内外，无终始，无所放处，亦无所放时，其本体也。信斯言也，当其放于外，何者在内？当其放于前，何者在后？何者求之？放者一心也，求者又一心也，以心求心，所谓憧憧往来，朋从尔思，祗益乱耳，况能有存耶？夫欲心之勿蔽，莫若寡欲，寡欲莫若主一。

今译

甘泉子说：孟子讲求放心，吾对此有所怀疑。为什么怀疑呢？回答说：因为我的本心在怀疑。那又相信谁呢？相信我自己的本心。我常常在本心还未有物欲之前观看本心，这个时候本心的状态洞澈而虚明，昭然而灵应。虚明是本心保持生生不息的根源；灵应是本心能够神应莫测的原因。我常常在本心已经产生物欲之后观看本心，这个时候本心的状态窒息而堵塞，愦乱而昏殆。堵塞，这是本心所以窒死的原因。昏殆，这是本心所以物化的原因。本心的虚明灵应，并不是从外面而来，这是本心本然的状态。而其堵塞昏殆，也不是由内而往外生发，只是物欲遮蔽了而已，本心的本体一直都在。所以，只要本心一时觉醒，遮蔽本心的物欲消彻，那么本心的虚明灵应自然显见。这就像日月被云遮蔽，并不是没有日月了；明镜被尘垢蒙蔽，并不是没有光明了；人心被物欲遮蔽，并不是没有虚明灵应了。我们的本心体察天地万物而没有遗漏，没有内外，也没有终始，既没有所放的地方，也没有所放的时间，这就是本心的本然状态。如果相信孟子所说，当放本心在外时，谁在内呢？当放本心在前时，谁在后呢？那又是谁去求取放荡的心呢？这样的话，放荡的是一个心，求取放心的又是另一个心。以心去求另一心，只会陷入憧憧往来，没有主宰的混乱局面，又怎么能够存心呢？在这个意义上，想要本心不受到遮蔽，最好的工夫是寡欲，而寡欲最好的落手处也是主一的工夫。

心性图说

性者，天地万物一体者也。浑然宇宙，其气同也。心也者，

体天地万物而不遗者也。性也者，心之生理也，心性非二也。譬之谷焉，具生意而未发，未发故浑然而不可见。及其发也，恻隐、羞恶、辞让、是非萌焉，仁义礼智自此焉始分矣，故谓之四端。端也者，始也，良心发见之始也。是故始之敬者，戒惧慎独以养其中也。中立而和发焉，万事万化自此焉，达而位育不外是矣。故位育非有加也，全而归之者耳。终之敬者，即始之敬而不息焉者也。曰：“何以小圈？”曰：“心无所不贯也。”“何以大圈？”曰：“心无所不包也。”包与贯，实非二也。故心也者，包乎天地万物之外，而贯乎天地万物之中者也。中外非二也。天地无内外，心亦无内外，极言之耳矣。故谓内为本心，而外天地万物以为心者，小之为心也甚矣。

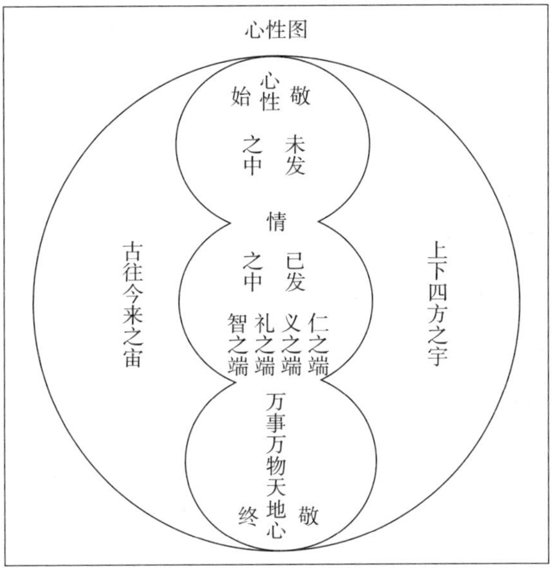

心性图

今译

上天所赋予人的先天禀性，与天地万物是一个不可分割的有机整体。宇宙浑然一体，因为流行其间的是同一股气。我们的心，能够体察天地万物而没有遗漏。上天所赋予的禀性，是心生生不息的理则，心和性并不是完全割裂开来的。上天所赋予的禀性就好像谷种一样，具有生意但却没有发见出来。因为没有发见出来，所以生意就浑然而不能显见。等到它发出来的时候，恻隐、羞恶、是非、辞让之心也就萌发出来了，而仁义礼智这些德性也从这里区分出来，因此它们也被称为四端之心。所谓“端”，就是端始，这是我们良心发见的地方。在这个意义上，《心性图》中讲工夫从“敬”开始，就是要通过戒慎恐惧来涵养自己未发的中情。当内心未发的中情挺立起来的时候，遇到不同情境所生发出来的自然情感才能合乎节度。天地万物也从这里生发出来，并且能够各安其所。天地万物各得其所，并不是依靠外力强加，只不过保全它们的天性而让它们处于本来应该处的位置。《心性图》中以“敬”为学者终究的工夫，这是通过初学下手“敬”的工夫持续不断修炼而达成的。问：“《心性图》中为什么有小圈？”回答说：“因为我们的心能贯通天地万物。”问：“《心性图》中为什么有大圈？”回答说：“因为我们的心能包通天地万物。”包通和贯通，实际上并不是割裂的。所以，我们的心能够包通于天地万物之外，又能够贯通于天地万物之中。中和外，也并不是完全割裂的。从终究的意义上来讲，天地没有内外，我们的心也就没有内外，所以，认为我们的本心只是内在于我们的身体之中，而把天地万物看成是心外之物，这是把我们的本心看小了。

评议

这是湛若水非常重要的哲学文本。撰于嘉靖三年（1524），该文首见嘉靖十五年（1536）《甘泉先生文集》内编，又见嘉靖十九年（1540）门人洪垣刊刻的《泉翁大全集》，这一版本增加了湛若水自作的跋语。该文提出了“性者与天地万物一体”的哲学命题，从本体论上确认了人所禀得的“性”是与天地万物为一个不可分割的有机整体。生生不息的“气”流通其间，使得心与性相互贯通。该文论证了本心中恻隐、羞恶、辞让、是非的道德能力与仁、义、礼、智的德性，都是从人所禀得的天性中萌发出来的。人的本心包贯天地万物，只有通过敬慎的修身工夫，才能最终回归到与天地万物一体的本然状态。该文从本体论的角度论证了湛若水“随处体认天理”的为学宗旨，又论证了随处体认如何能够使本心不走失、不滞留，打通了形上与形下之间的区隔。

附录

湛若水编年事略[①]

湛若水，字元明。初名露，字民泽，为避祖讳改名为雨，后改定今名。明代大儒。因为居住在广东增城甘泉都，学者称他为甘泉先生。

成化二年丙戌（1466）　1岁

是年十月十三日巳时，先生生于广东增城县甘泉都沙贝村。

成化八年壬辰（1472）　7岁

是年九月三十日，王守仁（号阳明）先生生于浙江余姚县。

是年，因为湛家与乡人发生冲突，湛若水的母亲陈太夫人带先生逃难到惠州府归善县冈下地方，避难于曾任官同知之李应家中。湛若水先生的童年在惠州度过，因为家庭遭难，这也导致了先生入学较迟。

成化十年甲午（1474）　9岁

是年九月十六日，先生祖父樵林公去世，享年66岁。

成化十二年丙申（1476）　11岁

是年，先生父亲怡庵公去世，终年49岁。

成化十五年己亥（1479）　14岁

是年，先生开始进入小学学习。

① 关于湛若水编年事略参考黎业明先生《湛若水年谱》一书编制而成，见黎氏作：《湛若水年谱》，上海：上海古籍出版社，2016年版。

成化十七年辛丑（1481） 16岁

是年，先生进入乡校学习文辞之学。

成化十九年癸卯（1483） 18岁

是年四月初一，先生祖母梁太夫人去世，享年77岁。

成化二十三年丁未（1487） 22岁

是年先生进入府庠学习。当时都御史屠滽巡视，教官带领学生在门口迎跪，先生因为此举不合礼制，不肯跪下，颇有志气。

弘治三年庚戌（1490） 25岁

是年十一月初六，先生长子湛东之出生。

弘治五年壬子（1492） 27岁

是年秋闱，士子按照惯例应该徒跣听检阅，先生当首检，固诤之："此非所以礼士也"，认为这不是礼贤下士的做法，不肯跪下。这年秋试，先生以《书经》的内容中式。

是年，因乡举旧名犯始祖治中公的名讳，所以改名为"雨"。

弘治六年癸丑（1493） 28岁

是年春天，先生上京参加会试，但是落第，回广州途中，路过南京江浦，与五六个学友一起去拜见庄定山（名昶）先生，受到庄定山先生称许。这次见面相信对湛若水立志于圣贤之学有很大影响。

弘治七年甲寅（1494） 29岁

是年二月，由南海人梁景行介绍，往学于江门，拜在新会陈白沙（献章）先生，先生告诉湛若水说："此学非全放下，终难凑泊"。遂焚原给会试部檄。

弘治八年乙卯（1495） 30岁

是年，在江门，陈白沙先生用二程书教授湛若水，并且劝导他学习古体诗歌，这一年湛若水研读佛教书籍。

弘治九年丙辰（1496） 31岁

是年春，与李世卿（承箕）先生一起游罗浮山。

是年，白沙先生写有《漫笔示世卿、民泽》《与湛民泽（一）》《与湛民泽（十）》《楚云台观民泽所栽菊，寄民泽，用昨九日韵，时民泽还五羊未返》等。

弘治十年丁巳（1497） 32岁

是年春夏间，湛若水返回增城甘泉都自修。是年冬十月初一，有《上白沙先生启略》，向陈白沙先生汇报自修的心得体验。

弘治十一年戊午（1498） 33岁

是年三月初二，白沙先生有《与湛民泽（十一）》，回应湛若水来信的体悟，白沙在回信中说："日用间随处体认天理，着此一鞭，何患不到古人佳处也。"湛若水"随处体认天理"的学问宗旨也是首次被提出。

定居楚云台，后来李世卿来书问守台者，白沙先生告诉他是湛若水。

是年或稍后，白沙先生有《与湛民泽（九）》，在书信中讨论"学宗自然""自然之乐""自得之学"等话题。

弘治十二年己未（1499） 34岁

是年仲春望日，撰《增城沙堤湛氏族谱序》。季春晦日，作《万竹轩记》，开始提出"天地一气"的观念。秋，与邓顺之等游西樵山；八月二十六日作有《游西樵山记》。

是年，白沙先生以江门钓台赠先生，有《江门钓濑与湛民泽收管》（三首），湛若水成为白沙先生的衣钵传人。

弘治十三年庚申（1500） 35岁

是年二月初十，陈白沙先生去世，享年73岁。白沙先生病重时，有《示湛雨》诗，指点其“学宗自然”的学问宗旨。白沙先生去世后，门人聚议，湛若水作“行状”，李承箕作“墓志铭”，梁储作“传”，张诩作“墓表”。先生以陈白沙为自己的道义之师，说成我德性生命者与生我养我的父母同等重要，因此为白沙先生服丧三年。

江门陈白沙祠

三月初八，作《奠先师白沙先生文》；四月十四日，作《记梦》。

弘治十四年辛酉（1501） 36岁

是年二月初十，作《白沙先生小祥祭文》。

弘治十七年甲子（1504） 39岁

是年，佥宪徐紘劝驾，奉母命北上参加会试。入南京太学，当时祭酒枫山章公（名懋）一见，跟他讨论“君子所性”的命题，被先生谈吐见识所倾倒，与先生称交，不敢将先生看作是举子。章公用《睟面盎背论》作为考试的题目，见到先生所作的文章，里面的见地让他感到非常惊异。

是年，改名“若水”。

弘治十八年乙丑（1505） 40岁

是年，先生参加春闱，其会试卷题为《中者天下之大本论》，学士张东白见到先生的考卷，赞叹说："真儒复出矣"，遂成进士。随后，入选翰林院庶吉士。在翰林，先后作《学说》《责志论》，讨论何谓古人之学，以及学者应当如何才能立志向圣学。八月阁试，作《学颜子之所学论》。

正德元年丙寅（1506） 41岁

是年，在南京与王阳明先生一见定交，成为共同砥砺圣学的学友。

是年，王阳明先生上疏救戴铣等，下诏狱，杖三十，谪贵州龙场驿丞。

正德二年丁卯（1507） 42岁

是年闰正月，阳明先生往龙场驿。闰正月朔日，先生有《九章赠别并序》以赠阳明，鼓励阳明先生，诗词之间洋溢着深情厚谊。阳明先生有答诗，题为《阳明子之南也，其友湛元明歌九章以赠，崔子钟和之以五诗，于是阳明子作八咏以答之》。

十月，任翰林院编修。

正德三年戊辰（1508） 43岁

是年春季，做会试同考试官，识高陵吕柟，于文置第一。三月，朝廷遣宁阳侯陈继祖等为正使、翰林院编修湛若水等为副使，持节册封宗藩。顺便迎母亲陈太夫人到南京。腊月二十七日，甘泉先生夜梦阳明先生，遂有《戊辰腊廿七日夜梦王伯安兄》诗。

正德五年庚午（1510） 45岁

是年秋，作《秋怀三首寄王庐陵阳明子》。十一月，阳明先生入京，与先生比邻而居。时黄久庵（名绾）先生亦在京，三人遂相与订终身共学之盟。

正德六年辛未（1511） 46岁

是年九月，朝廷任命湛甘泉先生往封安南国王。是月晦日，阳明先生有《别湛甘泉序》，又作《别湛甘泉二首》。

正德七年壬申（1512） 47岁

是年二月初七，甘泉先生离京，奉命往封安南国王。顺道送母亲回乡。是月底，作《舟泊梁家庄檃括与应元忠语》。

正德八年癸酉（1513） 48岁

是年正月十七日，抵达安南；二十六日，在安南作《富良歌》，不久回国。临行，安南国王以金币诸物为赠，先生作《辞安南国赠物对》辞谢之。回国前后，作《交南赋》。二月，回国途中，过龙州，应邀作《龙州修复观音堂记》，在该记中表达了对民间信仰存在的宽容，这与他后面严守三教分判的严苛儒家立场有不同。

是年，再次奉母入京。

正德九年甲戌（1514） 49岁

是年春季，与王阳明先生会于滁阳之间，夜论儒释之道。当时夜辩的具体内容已经不详，但是后来与阳明先生往来论辩的关于儒释关系的几封书信，可以见到阳明先生对三教持比较宽容的思想，主张三教合一，而甘泉先生则对三教有严苛的分判，坚守其儒家立场。

是年春夏之间到京。十一月二十九日，先生母亲陈太夫人中风疾。

正德十年乙亥（1515） 50岁

是年正月二十七日，先生母亲疾病复发，过了三日就去世了，享年79岁。先生哀毁匍匐不能仰视。二月，先生丁母忧。扶柩南还，阳明先生逆吊于南京龙江关，两人辩论《大学》格物之旨。与阳明先生龙江关别后、扶柩回到增城甘泉都前，先后有《与阳明鸿胪》《与王阳明先生鸿胪》《寄阳明王先生》。七月初九，葬陈太孺人于荷塘之原，先生庐墓，朝夕号泣。是月，有《寄阳明》，论辩儒释之别。

是年，阳明先生为作《湛贤母陈太孺人墓碑》。

正德十一年丙子（1516）　51岁

是年三月朔，作《告祖文》。秋，杨骥（仕德）、杨鸾（仕鸣）兄弟领乡荐，拜先生于荷塘。是年，先生长女去世。

正德十二年丁丑（1517）　52岁

是年夏，有《答王阳明书》。季夏，作《新会县重修子城记》。八月二十四日，撰《祭白沙先生墓文》，随后，进入西樵山讲学授徒。十一月，作《祭徐郎中曰仁文》。十二月初三，作《告西樵山四境父老》。是年冬，先后有《寄阳明都宪》《寄王阳明都宪》《寄王阳明都宪》（“十月初及郭总戎行”）。闰十二月初七，作《祭告大科书院落成文》，大科书院由湛若水门生霍敦、陈谟、杨鸾集资兴建，位于大科峰西之烟霞洞中。

是年，开始编次《二礼经传测》。

正德十三年戊寅（1518）　53岁

是年下半年，阳明先生有《答甘泉》书，同时寄给甘泉者还有《朱子晚年定论》。

十一月初四，先生次子湛柬之出生。是年，开始重视并整理古本《大学》《中庸》，撰作《古大学测》《中庸测》。

正德十四年己卯（1519）　54岁

上一年年底或是年年初，湛甘泉先生在收到阳明先生书信及《朱子晚年定论》后，有《答阳明都宪》。三月望日，作《叙遵道录》，讲合一支离之学。是年，先生尚有《答王阳明》《祭林南川文》。

正德十五年庚辰（1520）　55岁

是年春，避地发履冢下，与霍兀厓（名韬）、方叔贤（名献夫）同时家居为会。季夏望日，完成《大科书堂训规》，作《大科书堂训规序》；先生又虑夫习之者漫不知其统，是故括而图之，作《序规》。

是年阳明先生有《答甘泉》书。甘泉先生还有《答阳明》，完成《古大学测》《中庸测》，并作序。

正德十六年辛巳（1521）　56岁

是年正月十一日，作《奠杨仕德文》。五月初二，部中得旨起复。是月，寄所著《古大学测》《中庸测》给阳明先生；后阳明先生有《答甘泉》书，申明他对"二测"的看法。在西樵，得知阳明先生升任南京兵部尚书之前，作有《答阳明王都宪论格物》。秋前，完成《白沙子古诗教解》（2卷）。孟秋之吉，作《诗教解原序》。八月末，勘合到司促行。九月六日，收到起复部檄。十月初十，撰《祭告白沙先生文》。十一月十二日，与邓生（德昌）、汤生等改葬白沙先生于皂帽峰下。十二月，阳明先生封新建伯，甘泉先生得知消息后有《寄阳明》书道贺。

甘泉先生自正德十二年八月下旬入西樵，至正德十六年年底离开西樵，四年间之讲学语，先后编录为《樵语》《新论》《知新后语》。

嘉靖元年壬午（1522） 57岁

是年二月，阳明先生父海日翁卒。暮春，先生与方西樵、王改斋过江吊丧。五月十四日，到朝，复翰林院编修职。六月上旬，作《初入朝豫戒游逸疏》。七月初八，作《再论圣学疏》。八月初二，作《元年八月初二日进讲后疏》

嘉靖二年癸未（1523） 58岁

是年十二月，升翰林院侍读，作《孔门传授心法论》。《遵道录》（10卷）付印。

嘉靖三年甲申（1524） 59岁

是年三月，嘉靖帝奉其生父兴献帝为“本生皇考恭穆献皇帝”、其生母兴国太后为“本生母章圣皇太后”，且拟于奉先殿侧别立一室以祀兴献帝，礼部尚书汪俊、吏部尚书乔宇等或上疏、或复奏，均以为不可。湛若水先生也具折上奏，但嘉靖帝未采纳。

八月二十八日，升南京国子监祭酒。赴南京国子监任祭酒，筑观光馆集居四方学者。作《心性图说》以教士。

嘉靖四年乙酉（1525） 60岁

是年二月，郭维藩为撰《新论、明论序》。四月朔，作《二礼经传测序》；是月，门人沈珠为撰《樵语序》，蔡玘为撰《新论序》。七月初四，嘉靖皇帝诏令文臣撮经书史鉴有关帝王德政之要者，直解进览。先生通过邸报得知有关消息后，开始编撰《圣学格物通》。十二月初二，作《白沙先生诗教序》；是月，门人蒋信为撰《雍语序》，葛涧为撰《雍语后序》。

是年，幼子湛涞之出生。

是年，完成并梓行《二礼经传测》（68卷）。

嘉靖五年丙戌（1526）　61岁

杨仕鸣卒于南雍甘泉先生之邸，享年35岁；是年六月初六，作《奠杨仕鸣文》。

八月既望，门人黄纶为撰《二业合一训序》。十月，陈寰为甘泉先生所撰《白沙先生诗教解》作《书白沙先生诗序》。十一月，门人沈珠为撰《雍语序》。是年，应邹守益之请，作《广德州儒学新建尊经阁记》。

是年，阳明先生有《答甘泉》书。

嘉靖六年丁亥（1527）　62岁

冬十月，秩满考绩。望日，何瑭有《湛甘泉考绩序》；望后三日，毛宪有《湛司成甘泉考绩之京序》。门人葛涧为先生筑甘泉行窝。

是年，《圣学格物通》一书编撰完毕。

嘉靖七年戊子（1528）　63岁

五月十九日，升南京吏部右侍郎，二十日到任。随后，辟新泉精舍，精舍在南畿崇礼街。六月初一，作《圣学格物通大序》《进圣学格物通表》，进所著《圣学格物通》。

十月，阳明先生到增城祭祀其先庙，过甘泉先生庐，有《题甘泉居》《书泉翁壁》诗。

闰十月，作《四勿总箴》。

十一月二十九日，阳明先生卒于南安。

十二月，门人周冲撰《新泉问辩录题辞》。

除夕日，先生召各部同志，饮于新泉，共论大道。

甘泉先生任南京国子监祭酒期间之讲学语，先后编录为《雍语》《二业合一训》。

嘉靖八年己丑（1529） 64岁

是年三月，先生作《奠王阳明先生文》；哀恸王阳明先生。

秋七月，转北京礼部右侍郎。孟冬，原配袁氏卒。

甘泉先生任南京吏部右侍郎期间之讲学语，先后编录为《新泉问辨录》《金陵问答》。

是年，周孚先、吕怀等编辑、刊刻《甘泉先生文录类选》（21卷）于维扬。卷首有吕怀所撰《刻甘泉先生文录类选后语》、周孚先所撰《甘泉先生文录类选序》。

嘉靖九年庚寅（1530） 65岁

是年，与工部尚书章拯奉旨会勘锦衣卫军匠章源所奏事。

嘉靖十年辛卯（1531） 66岁

是年秋天，方道、方瓘来北京金台从学。九月二十四日，转北京礼部左侍郎；二十五日，作《奉诏进讲章疏》。十一月二十七日，作《进圣学疏》。十二月，严嵩升南京礼部尚书，甘泉先生有《赠大宗伯介溪严公之南都序》。

是年，《问疑录》完成。

嘉靖十一年壬辰（1532） 67岁

春三月，吕景蒙为撰《新泉问辨录序》。

四月二十三日，先生作《白沙书院记》。七月朔日，作《春秋正传自序》。

自去年夏至是年秋，先生同年进士福建右布政使吴昂在福建刊刻《圣学格物通》（100卷）。

十月，巡按直隶御史冯恩疏时政得失，云：“礼部左侍郎湛若水，强致生徒，勉从道学，教人随处体认天理，处己素行，未合人心。臣谓王守仁犹为有用道学，湛若水乃无用道学也，然任以礼卿亦可勉焉。”冯氏的弹劾，使湛若水先生学术处境窘迫。故先生时在京邸，“时宰有欲上言请禁讲学者，先生谢徒、谢作文以应之”。是年年底或次年年初，有《乞休疏》，请辞回乡。

嘉靖十二年癸巳（1533）　68岁

罗浮山朱明书院

五月二十九日，作《滦州刻白沙先生全集序》。升任南京礼部尚书前，有《自陈求退疏》。甘泉先生任北京礼部右侍郎、左侍郎期间之讲学语，编录为《金台问答》。七月初一，长孙敬先出生。五日，升南京礼部尚书。秋，长子东之卒，时年44岁。

十一月初一，朝廷赠封先生祖樵林公、父怡庵公为礼部尚书、资政大夫，祖妣梁氏、母陈氏、妻袁氏为夫人，先生作《述先德诗四十韵》以述先德、感圣恩。

是年，门人高简、卞崃刻《白沙子》，卷首有湛若水先生作《论白沙子》；同年，先生门人周相、高简等重刻《圣学格物通》（100卷）于扬州，吕柟作《刻圣学格物通序》。

嘉靖十三年甲午（1534）　69岁

七月，门人高简作《春秋正传序》。

十一月朔日，作《自然堂铭》，分析儒家之自然观。是年，《春秋正传》（37卷）付印刊行。

嘉靖十四年乙未（1535）　70岁

正月，先生乡人朱敬之刻《甘泉先生两都风咏》（4卷）于吴门，卷首有门人李禖所撰《甘泉先生两都风咏序》、卷末有沈应阳撰《甘泉先生两都风咏后叙》。仲春，先生作《修复古易经传训测序》。六月十四日，作《九华山甘泉书院讲章》。七月二十五日，作《志道堂铭》。八月九日，作《重刻定山先生诗文集序》。

秋，奉命祭告祖陵，途中曾在泗州、扬州讲学，所讲内容见《泗州两学讲章》《扬州府县学讲章》。

仲冬杪，先生陡病痰厥，几乎病危。

自嘉靖十二年秋升南京礼部尚书至是年年底之讲学语，编为《新泉问辩续录》。

嘉靖十五年丙申（1536）　71岁

正月上元辛未，门人闻人诠撰《甘泉先生全集叙》。

六月二十六日，转南京吏部尚书，二十八日到任。月底，作《改南京吏部尚书谢恩疏》。秋，以考满南归。八月二十三日，作《九华山中华书堂讲章》。九月，作《上罗整庵太宰书》。

进所著《二礼经传测》，“礼部尚书夏言谓：‘其立论以曲礼为先，似与孔子之言相戾，不可以传示后学。惟是本官好学之心老而不倦，宜加精旌奖。’上曰：‘既戾孔子之言，何以传示后学？’罢其书不省。”

十一月二十六日，先生南归至增城。随后，创莲洞书馆于娥眉山，修甘泉馆于古甘泉洞，又修朱明书院于罗浮山，与大科书院在西樵之颠、烟霞之洞者为四馆，以为他日归休之地。

是年，闻人诠等编辑、刊刻《甘泉先生文集》（内编28卷，外编

12卷）于新泉精舍。

嘉靖十六年丁酉（1537） 72岁

是年二月之吉，先生北过南昌，有《南昌讲义》。先后到福山书堂、天泉书堂、斗山书堂，均有讲章。

四月初八，有《乞归田疏》；二十四日，御史游居敬论劾甘泉先生，曰："王守仁之学主于致良知，湛若水之学主于体认天理，皆祖宋儒陆九渊之说而少变其辞，以号召好名媒利之士。然守仁谋国之忠、济变之才，自不可泯；若水迂腐之儒，广收门徒，私创书院，其言近是，其行大非。乞戒谕以正人心、端士习。"疏下吏部，先生覆言辩解："若水尝潜心经学，希迹古人，其学未可尽非。诸所论著，容有意见不同，然于经传多所发明。但从游者日众，间有不类，因而为奸，故居敬以为言。惟书院名额似乖典制，相应毁改。"上曰："若水已有旨谕留，书院不奉明旨、私自创建，令有司改毁。自今再有私创者，巡按御史参奏。"

嘉靖十七年戊戌（1538） 73岁

是年二月十九日，完成《洪子问疑录》。三月十一日，有《复欧南野说良知良能》。孟秋朔，门人葛涧为撰《叙洪子问疑录后》。是年，先后上《再乞归田疏》《三乞归田疏》。

嘉靖十八年己亥（1539） 74岁

正月二十五日，作有《罗浮朱明洞创造精舍记》《娥眉莲花洞开创书馆记》《甘泉洞修造书馆记》。

上半年，在南京吏部尚书任上，完成《杨子折衷》，撰《杨子折衷引》。六月，转南京兵部尚书，奉敕参赞机务，这是湛若水一生中出任的唯一握有实权的职位。孟秋朔日，门人刘誉作《录杨子折衷序》。七月初九，有《署南京礼部驳发卖娼妇文》，整治当时不良社会习俗。九月朔日，门人洪垣为撰《新泉问辩续录序》。闰七月二十二日，作《参赞机务南京兵部尚书六年考察自陈疏》。

十一月，条陈留守南京十事：平物价、急无告、劝耕桑、申礼制、宣圣训、躬骑操、修武教、编保甲、励兵马、定四民，允行之。二十七日，与罗念庵等会于南京报恩寺；二十八日，罗念庵来访。

冬十二月，崔铣为撰《杨子折衷序》。

嘉靖十九年庚子（1540） 75岁

正月二十三日，有《读崔公后渠叙杨子折衷》。春，门人葛涧刊刻《杨子折衷》（6卷）于新泉精舍。五月初八，致仕命下。六月十三日，得邸报。

七月朔日，有《寄渭厓霍宗伯》；初二，离南京，出石城门、泊龙江关；门人、故旧为先生饯行。初八，访甘泉山，与人会饮于甘泉山馆。初九，还抵仪真；发舟至镇江。十一、十二日，在甘泉精舍。十五日，反棹至无锡；抵姑苏。十六日，有《更定谢恩疏》。十七日，至嘉兴府。十九日，过崇德。二十日，至杭州；登岸至天真精舍，以三香谒阳明先生。二十七日，常山道中。三十日，至广信府。八月初二，过分水岭；暮至崇安县。初三，同周节推游武夷山。初六，过鹅湖书院，有《谒四先生诗》。十四日，抵南昌。十五日，王汝中等饯送；作《息存箴》以示冼、王、方诸同志。九月初一，度梅岭。初五，至韶州精舍行窝；谒濂溪先生书院，谒文献祠、忠襄余公祠；在韶州明经馆讲学，有《韶州明经馆讲章》。十三日，抵五羊驿，谒文庙、谒白沙先师祠。十四日，还甘泉之庐。十月初七，入罗浮之山，居朱明之馆。初八，祭告朱明洞土地之神。

是年，洪垣为先生开天关诸堂于穗城。

嘉靖二十年辛丑（1541）　76岁

是年，《甘泉湛氏家训》梓行，卷首有门人洪垣撰《湛氏家训序》、卷末有冼桂奇、潘洋、曾贯分别撰写之三篇《湛氏家训跋》。

嘉靖二十一年壬寅（1542）　77岁

夏，薛侃来游罗浮朱明洞。中秋之吉，陈大章为撰《泉翁大全后序》。九月十六日，因为足疾，遣门人陈说言、方瓘等往天华精舍祭奠濂溪周先生、豫章罗先生、延平李先生、白沙陈先生。

西樵山　仰辰台

嘉靖二十二年癸卯（1543）　78岁

正月，先生门人莆田姚宗舜为沙堤之“江门钓台”作《和钓台诗二首》。门人周学心携塑工简朝宾返莲洞书院为甘泉先生塑像，并撰《湛甘泉先生像表记》。

嘉靖二十三年甲辰（1544）　79岁

三月二十五日，与方献夫回甘泉都，登沙堤新筑之“江门钓台”，方献夫作《登沙堤新筑江门钓台次石翁韵诗》。五月，先生与伍克刚等在家乡试行沙堤乡约（又称“沙堤圣训约”）；十五日，举行第一次聚会。六月，方献夫先生去世；十六日，作《祭告西樵方公文》以寄哀思。

八月初九，先生舟发西樵，往游南岳衡山。十二日，至清远县，夜宿于东林寺前。十三日，午时过清远峡，夜宿于横石矶。十四日，午时过太庙峡。十五日，卯时发舟，未时过湞阳峡，夜宿于峡口；是日，作《与薛中离论古太极图》《与叔辉、仲通、自正诸同志论图书》。十六日，午时至英德县，夜泊沙湾村。十八日，观潮水山灵泉。二十一日，至虎榜山。二十七日，巳时至平石村，由陆路至宜章县，夜宿普化寺。三十日，辰时发舟郴江口。九月初一，午过耒阳，夜宿大悲寺前。初二，鸡鸣发舟，酉刻至衡州。初五，《登南岳祭告山神文》。初六，登衡山，至祝融峰上封寺，夜宿祝融峰。初七，晓同黄云淡、周荣朱登峰顶望月台题名。初八，夜宿南台寺。初九，卜筑。初十，同骆进士君举登朱明洞最高处题名。十一日，游方广寺。十二日，作《衡岳甘泉精舍上梁告土地文》。十三日，在岳庙。十五日，发黄仲通、朱子祥还乡；杨克复请饮于文定书院，遂至衡岳馆基视筑。二十日，蒋道林到衡岳，先生喜极。二十八日，衡岳居（即南岳甘泉书院）落成。是月，有《游南岳记》。

嘉靖二十四年乙巳（1545）　80岁

罗朝岳刊刻《甘泉先生岳游纪行录》（1卷）于一泉书堂。

嘉靖二十五年丙午（1546）　81岁

七月，有《付男柬之家书》，十一日夜，在樵，痰火大作，几绝，时于灯下据案，作《自挽诗》。九月初九，同诸生何宗远滚、张廷文絅、霍尹先任、周自正荣朱、郑孔新涤、李元盛春芳六人，与樵山父老十有六人，又童子一人，共登高于大科峰见日台，饮酒放歌，浩然有“与点也”之乐；十二日，新定仰辰台，同周自正、郑孔新、谢振卿扳跻登望，浩歌而归。均有诗记之。

嘉靖二十六年丁未（1547）　82岁

是年三月，何维柏（古林）亦居西樵，甘泉先生有《奉和何古林侍御三月廿日居樵二首》。四月，作《静观堂记》。六月二十六日，作《白沙先生至言序》。季秋月朔，门人洪垣为撰《湛子约言序》。重阳，携酒同洪侍御觉山、诸生方时素、何宗远、钟叔辉、郑孔新、周明几、谢振卿、周昌逵、方毅中登高大科峰见日台。有诗记之。

嘉靖二十七年戊申（1548） 83岁

是年四月望日，作《非老子序》。既望，门人冼桂奇撰《非老子跋》，萧时中作《非老子跋》。五月朔旦，在大科峰小朱明馆，作《补乐经叙》。

冬，钱德洪为其先君乞墓铭，来增城谒见先生，相与论学；十二月十二日，应钱德洪之请，为作《钱心渔先生墓铭》。先生对钱德洪居丧期间出来讲学，颇为不满，并责之以礼。是年，兴建广州白云山白云书院。

嘉靖二十八年己酉（1549） 84岁

正月，门人蒋信为撰《增城沙堤湛氏始祖祠记》。十月十四日，嫡孙敬先卒，年仅17岁。

嘉靖二十九年庚戌（1550） 85岁

八月，有《太原甘泉书院记》。是年，作《嫡孙敬先墓志铭》。

嘉靖三十年辛亥（1551） 86岁

三月二十八日，次子柬之去世，时年33岁；四月初八，《奠故男柬之文》。二十一日，为严嵩作《钤山堂文集序》。十月十五日，夜梦白沙先生，示以文字一卷，作《纪梦》诗。十一月，作《厘正诗经诵序》。

嘉靖三十一年壬子（1552） 87岁

五月望日，门人钟景星为作《心性图序》。七月，有《与洪觉山》。九月，门人谢锡命编选《甘泉湛子古诗选》（5卷）梓行，先生作《精选古体诗自序》。十月初五，门人谢锡命撰《心性书跋》。十一月二十三日，幼子涞之卒，时年28岁；十二月初二，作《奠故男涞之文》。

嘉靖三十二年癸丑（1553） 88岁

二月之吉，门人蒋信为撰《心性书序》。是月，甘泉先生有《祁门神交精舍记》。闰三月吉日，霍任完成《心性书或问》。

嘉靖三十三年甲寅（1554） 89岁

六月，《湛子知言自序》。是年，门人郭大治作《重刻甘泉先生心性图书》。

嘉靖三十四年乙卯（1555），90岁

元月十七日，往游罗浮；十九日，作《谒奠罗浮四贤祠文》，随后作《罗浮游学记》。季冬之吉，门人郭应奎撰《甘泉先生大全续编序》。腊月二十二日，得洪垣十月来书，作《答洪觉山峻之》。

嘉靖三十五年丙辰（1556） 91岁

正月望，将发衡岳之游，诸君皆留行，作诗答之。二十四日，于太平洲祭江。二十九日，发行装下舟。从游者为门人黄梦龟、周荣朱、谢锡命及孙子湛天润。二月初一，辰刻发舟，诸生送别于大观桥。初三，午时至三水县西南驿。初四，夜宿大塘村。初五，戌时至清远县。初九，未刻至英德县浈阳驿，阻风。初十，未刻过观音岩，二鼓至清溪驿，夜宿于驿前。十一日早，登潮水山，观灵泉精舍。十二日，午刻过曹溪水口，作《曹溪问》诗；三鼓至韶州府清平市，宿。十三日，登帽峰，观甘泉书院。十八日，辰时过古塔寺，午至牛輗溪，作《百曲吟》；申时，至宜章县。二十日，巳时过白头泷；未刻过郴江口；夜宿铁钉寨，小船破漏，风雨连绵，衣被沾湿。二十一日，午时过问仙洞，得紫云书院无恙消息于洞僧；未时至永兴县。二十四日，至衡州府，门人祝咏出迎，同登石鼓书院；署府事贰守黄时康来见，托寄邹东廓、罗念庵、郭平川约会南岳书院。二十七日，辰时至衡山县，作《到山吟》；午时往岳，申时抵紫云书院，谒瞻白沙先生祠堂，遂周视书院，屋宇垣墙无恙，松桂竹木森然，溪流虢虢，井田耕植不废，先生色喜；夜，治白沙祠及岳庙祭仪。二十八日，卯时祭告岳庙；辰刻祭告白沙先生。三月初一晨兴，诸生行谒朔礼后，命石工磨碑刻《示学》诸诗，谋筑白沙先师祠前台亭。初三辰时，胡文定公十三代孙胡瑛来见，作《得邻胡文定公父子书院》诗。四月初一，未刻至攸县。初五，午时至茶陵州，夜寓于府馆。初六，卯时起马，申时至古城，借宿于居民谭家，是夜有戒心。初八，辰时至永新。初十，卯时至吉安府，即接邹东廓迎帖；未时舟泊永和之问津处，毛东塘之子毛栋、邹东廓之子邹美迎见。十一日，辰时登岸入青原，青原诸生陈旦等拜迎于道左，邹东廓等出迎于门外，遂登堂礼拜会坐，时语时默，至夜遂寝于青原；青原之会，先生示以大同默识之教。十二日，卯时别青原，诸生拜送。十三日，辰时至泰和白下驿，毛栋追酒席于舟中，邹东廓父子追及相会。十四日，酉时舟过欧阳门，与邹东廓具仪冒雨往吊欧阳南野。十五日，卯时发舟，午时郭平川追送及之万安县道中；与郭平川论学。五月初一，卯时汪周潭、游让溪率赣之府县儒学师生，请先生开讲于察院。十一日，卯时至三水县西南驿，午时至官窑驿，未时过小金山，戌时抵太平洲东关入濠；厥明，入城抵家。凡厥从游及从者，平安回还。

是年，门人周荣朱编录、谢锡命校正《重游南岳纪行录》（1卷）梓行。卷首有郭应奎撰《甘泉先生重游南岳纪行录序》、卷末有周荣朱撰《刻重游南岳纪行录引》、陈惟顺撰《甘泉先生重游南岳纪行录后序》。

嘉靖三十六年丁巳（1557） 92岁

三月二十五日，夜梦坐化，有《丁巳三月二十五夜梦坐化时四鼓也梦觉归寄罗念山诸同志》诗。

嘉靖三十七年戊午（1558） 93岁

是年，与弟子聚讲于天关书院。

嘉靖三十八年己未（1559） 94岁

是年，作《默识堂记》。

嘉靖三十九年庚申（1560） 95岁

湛若水墓

二月，致书新安，约洪垣等复游武夷山。三月初十，偕诸生开讲龙潭书院，提掇性道之蕴、尧舜禹汤文武相传之绪，自下学立心以至笃恭不显、无声无臭之妙为详。四月初六，出讲堂，令诸生澄心默坐，久之而退。十九日，寝病，诸生侍药，叮咛以讲习会约、相观而善之语。二十日，渊默自定，时罗一中、钟景星、康时聘、冯望在侍，执一中手良久。二十二日，沐浴毕，是夕大星陨于西北，其光亘地，顷之，长逝。

延伸阅读推荐书目

1. 陈来：《有无之境——王阳明哲学的精神》，北京：人民出版社，1997年。

2. 陈郁夫：《江门学记——陈白沙及湛甘泉研究》，台北：学生书局，1984年。

3. 陈裕荣：《湛甘泉传》，广州：广东人民出版社，2006年。

4. 黄明同：《陈献章评传》，南京：南京大学出版社，1998年。

5. 黄明同：《岭南心学——从陈献章到湛若水》，上海：上海辞书出版社，2015年。

6. 黄明同：《心学大师湛甘泉》，广州：广州出版社，2017年。

7. 黄明喜：《甘泉与阳明》，广州：广州出版社，2017年。

8. 黄淼章、湛汝松、胡继芳等：《湛若水史迹寻踪》，广州：广州出版社，2017年。

9. 戢斗勇：《甘泉学派》，广州：广州出版社，2017年。

10. 郭海鹰：《湛若水家训当代解读》，广州：广州出版社，2017年。

11. 郭海鹰：《湛若水精言》，广州：广州出版社，2018年。

12. 黎业明：《湛若水年谱》，上海：上海古籍出版社，2009年。

13. 刘兴邦：《甘泉与白沙》，广州：广州出版社，2017年。

14. 宁新昌：《湛若水的人生涵养境界》，广州：广州出版社，2018年。

15. 乔清举：《湛若水哲学思想研究》，北京：文津出版社，1993年。

16. 王文娟：《湛甘泉哲学思想研究》，成都：巴蜀书社，2012年。

后记

为弘扬岭南优秀传统文化，广州大典研究中心与广州出版社联合推出《广州大典》普及书系“广府名人读本”的编辑出版工作。广东省社会科学院研究员、岭南心学研究会创会会长黄明同教授，虽年逾八旬，却一直心系岭南心学的研究与普及工作，邀我参与《一代儒宗的“心—理”之路——湛若水作品选读》的撰写工作。从立项到成书，将近两年时间，到今天终于完稿了。

从确定博士阶段以湛若水作为研究对象至今已近十年，十年光阴易过，而进入湛若水学术思想的门径却不易寻觅。一方面是因为湛若水存世的著作太多，又不易见，另一方面是湛氏思想庞博，又以“调和”为特色，不易掌握。基于此，本书选择湛若水比较重要的存世文献，其篇目以《泉翁大全集》八十五卷（嘉靖十九年刻本，万历二十一年修补本）、《甘泉先生续编大全》三十三卷（嘉靖三十四年刻本，万历二十三年修补本）为底本，以《湛甘泉先生文集》三十五卷（万历七年刻本）、《甘泉先生文集》三十二卷（同治五年刻本）作参校，入选篇目尽量全文录入，但有的限于篇幅，只截取其中重要部分呈现给读者，希望对明代思想史与湛若水感兴趣的读者初步阅读有所帮助。

感谢广州大典研究中心赵晓涛博士，常常在第一时间将新发现的湛若水资料发送给我；感谢广州出版社责编周秦先生，他以极其认真负责的工作态度，帮我排定本书版式，同时校正了书中多处疏漏。

因时间与水平所限，书中难免还有错漏的地方，敬请读者朋友多予批评指正！

2021年季夏于广州陋室